I0099729

GRAMMAIRE
DES DAMES,
OU
NOUVEAU TRAITÉ
D'ORTHOGRAPHE FRANÇOISE,

Réduite aux regles les plus simples, & justifiée par des morceaux choisis de Poésie, d'Histoire, &c.

OUVRAGE DÉDIÉ

A Madame la Comtesse de GENLIS.

PAR M. L'ABBÉ BARTHELEMY, de Grenoble.

A GENEVE,
Chez PAUL BARDE, Imprimeur-Libraire.

MDCCLXXXV.

A MADAME

LA COMTESSE

DE GENLIS.

MADAME,

Cet Ouvrage tend à simplifier la partie la plus essentielle de l'éducation : à ce titre, il mérite de vous être offert. La protection éclairée dont vous honorez les succès ou les efforts des Auteurs, est d'ailleurs un motif assez puissant pour autoriser ceux mêmes qui réussissent le moins, à mettre au jour, sous vos auspices, des ouvrages qu'ils ne composent que dans le dessein de Vous plaire. Je m'estimerois fort heureux, sans doute, si le public jugeoit ce foible essai digne de sa Protectrice !

Je suis avec le plus profond respect,

MADAME,

Votre très-humble & très-obéissant serviteur,
L'ABBÉ BARTHELEMY.

PRÉFACE.

L'on ne s'est point encore avisé d'exiger d'une personne bien née qu'elle fût savante; on lui feroit même un crime d'étaler l'érudition: mais la connoissance dont on ne fait point de grace, est celle de sa propre langue. En effet l'ignorance de ses regles n'est excusable que parmi le peuple.

» La Langue françoise, dit M. l'Abbé » Girard, est peut-être celle qui a le plus » de disposition à la perfection; son carac- » tere consistant dans la clarté, la pureté, » la finesse & la force. Propre à tous les » genres d'écrire, elle a été choisie pré- » férablement aux autres Langues de l'Eu- » rope, pour être celle de la politique

» générale de cette partie du monde ; &
» par conſéquent, elle eſt la ſeule qui ait
» triomphé de la Latine. »

Dans cet Ouvrage, deſtiné principalement aux Demoiſelles, les élémens de notre Langue ſeront préſentés de la maniere la plus ſimple & la plus préciſe. Plus les principes d'une ſcience ſeront clairs & dégagés de tout ce qui n'a avec elle qu'un rapport indirect, plus on peut eſpérer de la rendre facile à ſaiſir : c'eſt le but que nous nous ſommes propoſés dans cet eſſai. Sans en vouloir fonder le mérite ſur l'imperfection de ceux qui ont paru juſqu'à préſent, qu'il me ſoit permis d'obſerver que le principal avantage de celui-ci tient à une maniere différente d'enviſager l'objet.

La plûpart des traités de la Langue Françoiſe, & preſque tous ſont ou incomplets ou diffus. D'ailleurs l'orthographe que nous avons ici en vue, avoit beſoin d'être préſentée ſous des dehors moins arides & moins rebutans. L'on a donc cherché à faire diſparoître autant qu'il a été poſſible, par des morceaux choiſis de poéſie & d'hiſtoire, la monotonie & la ſéchereſſe des préceptes. Je ne crains point de déclarer que je ſuis quelquefois compilateur; s'il n'y a pas grand honneur à en jouer le rôle, il y a au moins de la bonne foi à en convenir. Si cet ouvrage n'a pas le mérite de la nouveauté dans le choix de la matiere, ſoumis à la critique judicieuſe de deux Académiciens, j'oſe dire qu'il aura celui de la clarté. Ainſi pour peu qu'on réfléchiſſe en le liſant, on pourra apprendre l'orthographe ſans le ſecours d'un Maître, reſſource qu'on n'a point dans les Grammaires françoiſes. Que pourroit-on exiger de plus dans un ouvrage élémentaire?

ERRATA.

Page 7, ligne 7, en *eu* ou en *oix*, *liſez* en *eu*, en *oix*, en *au* & en *ou*.

—— 57, ligne 13, orvrir, *liſez* ouvrir.

—— 80, ligne 12, ſui ven, *liſez* ſuivent.

——122, ligne 14, Ægiptia, *liſez* Ægyptiac.

——128, ligne 1re, lotſqu'on, *liſez* lorſqu'on.

——150, ligne 11, *Quelle*, *liſez* *Quel*.

——215, ligne 11, haîne, *liſez* haine.

——237, ligne 24, faite, *liſez* fait.

Ibid. ligne dern. miſe, *liſez* mis.

L'ORTHOGRAPHE

L'ORTHOGRAPHE

DES

DAMES.

Explication succincte des termes de la Grammaire Françoise & des parties du discours.

DE LA GRAMMAIRE.

LA *Grammaire* nous enseigne à parler & à écrire correctement ; ce qui se fait par des lettres dont les différentes combinaisons forment les syllabes qu'on appelle les mots.

DES SYLLABES.

Une syllabe est un son formé par une seule émission de la voix. La syllabe est indivisible ; mais le mot se divise en autant de parties qu'il a de syllabes comme dans celui-ci *ar-ti-fi-ci-eux* composé de cinq syllabes. On appelle *Monosyllabe*, un mot qui n'a qu'une ſyllabe ; *diſſyllabe*, celui qui en a deux ; *triſſyllabe*, celui qui en a trois ; *quadriſſyllabe*, celui qui en a quatre ; & *Polliſſyllabe*, celui qui en a pluſieurs ſans en fixer le nombre.

DES VOYELLES ET DES CONSONNES.

Les mots ſont compoſés de deux ſortes de lettres, *les voyelles* & *les conſonnes.* On compte cinq voyelles *a*, *e*, *i*, *o*, *u.* Elles expriment chacune un ſon ſimple qui peut ſe prolonger long-tems, ſans varier le mouvement de la bouche ; les autres lettres ſont appellées *conſonnes*, parce qu'elles ne peuvent ſe prononcer ſans le ſecours des *voyelles.* On met encore au nombre des *voyelles* l'*y* qui doit être moins regardé dans notre langue, comme une *voyelle*, que comme une ligature qui exprime le ſon de deux *ii.* Les Grammairiens appellent *voyelles ſimples*, celles qui s'écrivent par une lettre comme *a*, *e*, *i*, *o*, *u.* *Voyelles compoſées*, deux ou trois voyelles jointes enſemble, ne formant qu'un ſon, comme dans ces mots *maiſon*, *château*; *voyelles naſales*, celles qu'on prononce un peu du nez, comme dans les mots *temple*, *impie*, *main*, *deſſein*; *voyelles longues*, celles ſur leſquelles on appuye, en les prononçant comme dans les mots *âme*, *gîte*, *tempête*, *flûte*: enfin ils nomment *voyelles breves*, celles où l'inflexion de voix n'eſt pas conſidérable comme dans les mots *audace*, *glace*, *préface*.

DES DIPHTHONGUES.

Pluſieurs voyelles ſont-elles réunies dans une ſyllabe, pour ſe prononcer par une ſeule émiſſion de voix ? c'eſt ce qu'on appelle *diphthongue*. Ainſi dans ces vers :

Il n'eſt point de *cœur* ſans deſir,
Ni d'eſpérance ſans *plaiſir* ;
Je *jouis* quand mon *cœur* s'amuſe
A ſe *repaître* avec ma muſe
Des chimeres de l'avenir.

Les voyelles des mots *cœur*, *plaiſir*, *jouis*, *repaître*, ſont des *diphthongues* parce qu'elles ſe prononcent par une ſeule émiſſion de voix.

DIPHTHONGUES.	PRONONCEZ.
Caen	ſans *e* : *cân.*
Faon, Laon, Paon,	ſans *o* : *ſân*, *lân*, *pân.*
Aoriſte, Saône, Taon,	ſans *a* : *ôriſte*, *sône*, *tôn.*
Août	ſans *a* : *oût* : mais il ſonne dans *août.*
Vuide, Vuider, Vuidanges,	ſans *u* : *vide*, *vider*, *vidanges.*
Paille, Travailler, Verſailles, œil,	en mouillant, *l*, & non *païe*, *travaïe*, *Verſaïe*, *œil*, comme s'il y avoit *euil.*
Euridice, Heureux, Polieucte,	avec un ſon mixte ; & non *uridice*, *hureux*, *poliucte.*
Boîte, Coîffe, Poêle,	à peu près avec le ſon d'*o a*. On ne doit point écrire *boëte*, *coëffe*, *poële.*

Croire, Croître, Froid, } à peu près aussi avec le son d'*o a; croare, croatre;* & non avec le son de l'*è* ouvert *crère, crêtre.*

Les mots *poëte, poëme* sont trissyllabes, on doit prononcer comme s'il y avoit *po-è-me, po-è-te.*

De la différence des mots.

Les lettres, par leurs différentes combinaisons, forment les parties du discours qui servent à l'expression de nos pensées; je veux dire les mots dont on distingue neuf diverses espèces; savoir le *Nom*, l'*Article*, le *Pronom*, le *Verbe*, le *Participe*, l'*Adverbe*, la *Préposition*, la *Conjonction* & l'*Interjection*, qu'on appelle *parties du discours.* Il n'est aucun mot dans la langue, qui par son essence & sa propriété, ne doive être mis dans l'une de ces classes.

Avant de parler de ces *neuf parties du discours*, il convient de donner une idée générale de ce que l'on appelle *Genre* & *Nombre*.

Des Genres.

Il y en a de deux ſortes, le *Maſculin* & le *Féminin*. Le *Maſculin* ſe connoît par *le* ou *un* qu'on peut mettre avant le nom. Le *Féminin*, par *la* ou *une*. Dans ces vers :

> O mon aimable *ſolitude*,
> Reçois le *tribut* de mes chants !
> Le vrai *bonheur* eſt, je le ſens,
> L'abſence de l'inquiétude.
> A l'ombre du *laurier* ſacré
> Qui fleurit devant ma *cabane*,
> Loin d'un *monde* faux & profane,
> Je goûte un *repos* deſiré.

Les mots *tribut*, *laurier*, *bonheur*, *monde*, *repos*, ſont du *maſculin* ; parce qu'étant pris ſéparément, on peut mettre avant eux les mots *le* ou *un* ; & *ſolitude*, *cabane*, ſont du *féminin*, parce qu'on peut mettre *la* ou *une*.

Du Nombre.

Le *Nombre* marque l'unité ou la pluralité d'une chofe. Le *fingulier* indique l'unité. Le *pluriel* marque la pluralité. On termine toujours par une *s* les noms qui font au pluriel, pourvû que leur finale ne foit pas en *eu* ou en *oix*; ainfi dans ce quatrain.

Les *courtifans* font des *jetons*:
Leur valeur dépend de leur place;
Dans la *faveur* des *millions*;
Des *zéros* dans la *difgrace*.

Les mots *faveur*, *valeur*, *place difgrace*, font au fingulier; & *courtifans*, *jetons*, *zéros*, *millions*, font au pluriel par l'*s* finale qui l'indique.

Au *Genre* & au *Nombre* plufieurs Grammairiens ont ajouté les *Cas* dans leurs traités d'orthographe françoife, & les ont répétés jufqu'à la fatiété, ils ont voulu que le génie de la langue françoife fût celui de la langue grecque & de la latine; ils fe font trompés; notre langue n'a pas différentes terminaiſons. Nous diſons toujours *château*, *bijou*, *diamant ;* je paſſerai donc ſous ſilence cette matiere qui exige le travail de l'eſprit ſans le piquer, ſans l'encourager. D'ailleurs il importe fort peu aux Dames de ſavoir ce que c'eſt que *Nominatif*, *Génitif*, *Datif*, &c. Ce langage n'eſt point fait pour elles.

Des parties du Diſcours.

Comme nous l'avons déjà vu, il y a neuf parties dans le diſcours, le *Nom*, l'*Article*, le *Pronom*, le *Verbe*, le *Participe*, l'*Adverbe*, la *Prépoſition*, la *Conjonction* & l'*Interjection.*

Du Nom.

Le *Nom* eſt un mot qui exprime le ſujet dont on parle, ou l'objet d'une idée. Il y en a de deux ſortes le *Subſtantif* & l'*Adjectif.*

Du Nom Subſtantif.

Le *Nom Subſtantif* exprime un objet déterminé, ſubſiſtant par lui-même, ſuſceptible d'une épithète, & n'ayant pas besoin d'être joint à un autre pour être compris. Ainsi dans ces vers à la Marquise du Châtelet :

„ Une étrenne frivole à la docte Uranie
„ Peut-on la présenter? oh très-bien, j'en réponds.
„ Tout lui plaît, tout convient à son vaste génie :
„ Les *livres*, les *bijoux*, les *compas*, les *pompons*,
„ Les *vers*, les *diamants*, les *biribis*, l'*optique*,
„ L'*algebre*, les *soupers*, le *latin*, les *jupons*,
„ L'*opéra*, les *procès*, le *bal* & la *physique*.

Les mots renfermés dans le quatrieme, cinquieme, sixieme & septieme vers, sont des substantifs, parce qu'il s'entendent sans le secours d'aucun nom.

Nous appellons *nom propre* celui qui exprime une idée singuliere, une personne, une chose unique comme *César*, *Pompée*, *Alexandre*; *noms communs* ou *appellatifs* ceux qui expriment des idées générales &

communes, qui conviennent à plusieurs choses semblables, comme les noms d'*ange*, d'*homme*, de *royaume*, qui conviennent à tous les anges, à tous les hommes, à tous les royaumes.

Nous donnons le nom de *collectif* à celui qui, quoique au singulier, présente à l'esprit plusieurs personnes ou plusieurs choses. Ainsi le nom de *forêt* fait concevoir plusieurs arbres, celui d'*armée* plusieurs soldats, quoique l'un & l'autre soient au singulier.

Du genre des Noms Substantifs.

Chaque Substantif n'est ordinairement que d'un genre. Il est ou du Masculin ou du Féminin. Ainsi écrivez & prononcez :

Ce jeune pivoine,
De bons épinards,
Des ongles bien longs,
D'excellents légumes,
Un bel orgue,
Un fatal incendie,
Un épisode bien amené,

Un bon Evêché,
Le meilleur Archevêché de France,
Le chiffre Romain,
Un cep,
De bons ciseaux,
Un joli éventail.

Tous ces noms Substantifs sont Masculins.

Dites: Une Sentinelle,
Une cuiller,
Une belle épée,
Une jolie pantomine,
Une magnifique horloge,
Une idole,
De l'orge levée,
Une bonne épigramme,
Une brillante épithete,
Une froide énigme,
De cruelles insomnies,
Une belle alcove,
Une vipere dangereuse,
De bonnes poires,
Une élégante idylle.

On trouve plusieurs Substantifs de deux genres, mais sous différentes signification, voici ceux qui sont ordinairement ignorés:

Aide. Masculin quand il signifie celui qui aide un autre, exemples : l'aide des cérémonies est *mort. Un Aide de Camp.*

Il est Féminin quand il marque le secours, l'assistance ; vous me serez *d'une grande aide.* Ce cheval a des *aides fines.*

Aigle. Féminin dans *Aigle Impériale*, *Aigle Romaine*, *Aigle éployée* (terme de blason) & dans *Aigle* constellation. Hors de là, Masculin : Chevalier de l'*Aigle blanc*, de l'*Aigle noir*, l'*Aigle courageux* n'engendre point la timide Colombe.

Amour. Masculin au Singulier & Féminin au Pluriel ; *il n'y a point de laides amours.*

Ange. Masculin lorsqu'il désigne une

. . . . créature purement spirituelle : les *bons*, les *mauvais* Anges.

Ange. Féminin, poiſſon de mer. L'*Ange eſt peu délicate.*

Automne. L'Académie s'eſt décidée pour le Maſculin : *un bel Automne.*

Couple. Féminin quand il marque le nombre, comme *une couple d'œufs*, *une couple de pigeons.* Marquant l'union, Maſculin, voilà *un couple bien aſſorti.*

Délice. Maſculin au Singulier ; c'eſt *mon délice* ; Féminin au Pluriel : Louis XIII faiſoit de Verſailles ſes plus *cheres délices.*

Enſeigne. Maſculin ; Officier qui porte le Drapeau, par-tout ailleurs Féminin : il loge à *une telle Enſeigne.*

Evangile. Toujours Maſculin ; on ne dit point la *premiere Evangile*, *la ſeconde Evangile.* C'eſt une faute très-grossiere quoiqu'en dise M. de Wailly.

Enfant. Masculin : c'est *un bon enfant*, il est aussi Féminin : c'est *la meilleure enfant* du monde.

Equivoque. Masculin ou Féminin : on a le choix.

Exemple. D'écriture Féminin : voilà *une exemple bien faite.* En tout autre sens, Masculin : un *exemple édifiant.* Des *exemples tirés* des meilleurs Auteurs.

Foudre. Masculin en parlant d'un grand Capitaine : M. de Turenne étoit *un foudre* de guerre. On dit aussi d'un grand vaisseau dont on se sert en Allemagne, qui contient plusieurs muids de vin : c'est *un foudre* immense : quand ce mot signifie le tonnerre ou son effet, suivant la plus commune opinion des Grammairiens il est Féminin, quoique Corneille ait dit dans Polieucte,

» Ces *foudres impuissants* qu'en leurs mains vous peignez.

Frangipane. Toujours Masculin, parfum exquis. On doit dire : de la pommade *de frangipane*; des tourtes de *frangipane*; & non de la pommade à la *frangipane*; des tourtes à la *frangipane*.

Garde. Masculin dans ce sens : *un garde Chasse, un garde Magasin.* Féminin dans une autre signification ; *la garde d'une épée* ; *les gardes Françoises.*

Gens. *La gent* au Singulier ne se trouve que dans le burlesque, & toujours du Féminin, mais au Pluriel ce mot est du Masculin, en parlant des gens d'Eglise, de Guerre, de Justice, & généralement en tout sens lorsque l'Adjectif marche après, exemples : il *y a des gens bien ſinguliers*, *bien ſots* ; au contraire, ſi l'Adjectif précede le Subſtantif, ce mot devient Féminin, exemples : qu'il y a *de ſottes gens ! les vieilles gens* ſont *ſoupçonneux ;* on dit auſſi : *tous les gens de bien ;* tous *les habiles gens ; toutes les vieilles gens.*

Le gueules. Maſculin, terme de blaſon : couleur rouge.

Gueule. Féminin : la gueule d'un Lion.

Guide. Pour conducteur, Maſculin. Féminin, quand il déſigne les longes de cuir avec quoi les Cochers conduiſent les chevaux. *Les guides ſont neuves.*

Hymne qu'on chante à l'Egliſe, Féminin : Santeuil a compoſé les *belles hymnes* adoptées dans le plus grand nombre des Dioceſes. En tout autre ſens il il eſt Maſculin, comme dans ces vers faits à M. le Marquis de Puyſegur.

„ De l'Etre bienfaiſant dont vous êtes l'image,
„ J'oſe eſquiſſer les divins attributs;
„ D'un *hymne immortel*, je vous dois l'hommage,
„ C'eſt le fruit des loiſirs que vous m'avez rendus;
„ C'eſt le plus beau de mes tributs;
„ Et je l'adreſſe à ſon plus digne ouvrage ".

M. DE FEUTRY.

Lettres & *Priſons.* } du Féminin: on dit cependant: *lettres royaux; priſons royaux*.

Œuvre Maſculin en terme de Chymiſte; le *grand œuvre*: & en parlant d'un recueil d'Eſtampes ou de Muſique: *tout l'Œuvre* de Wateau; hors de là Féminin: une *belle œuvre, de bonnes œuvres.*

Orgue Maſculin au Singulier: *un bel*

orgue. Féminin au Pluriel : *de belles orgues.*

Perſonne Maſculin, lorſqu'il eſt conſtruit avec la négation *ne*, ou qu'il eſt interrogatif : perſonne n'eſt plus *plaiſant* que Roquelaure. *Perſonne a-t-il* jamais exprimé plus vivement le ſentiment que Racine ?

Pleurs. Maſculin, comme dans ces vers:

» *Quels pleurs* vois-je couler ? qu'*ils* ont de charmes !
» Ainſi que la douleur, le plaiſir a ſes larmes.

Quelque choſe. Se conſtruit avec le Maſculin. Mademoiſelle a *quelque choſe de ſpirituel*, *de malicieux*, *de ſéduiſant* dans le regard : on ne doit point dire : *un quelque choſe.*

Voilà ce qu'on peut dire ſur les genres des Subſtantifs. Enfin on connoîtra qu'un nom eſt Subſtantif, lorſqu'on ne pourra pas y joindre les mots *chose* ou *personne*. Ainsi les mots *diamant*, *colifichet*, *bracelet*, *jupon*, *toquet* sont des noms Substantifs, parce qu'on ne peut y joindre les mots *chose* ou *personne*.

Du Nom Adjectif.

L'Adjectif differe du Substantif, en ce qu'il a plus d'un genre. On lui donne le nom d'Adjectif parce qu'il ne peut guere subsister seul dans le discours, & qu'on ne peut l'entendre clairement qu'en y joignant un nom Substantif; ainsi les mots *charmant*, *gracieux*, *joli*, sont des noms Adjectifs parce qu'on ne peut guere les entendre qu'en y joignant des noms Substantifs; on dira: *une jolie femme*, *un homme savant*, *un sourire gracieux*.

Souvent l'Adjectif n'a qu'une terminaison; tels sont ceux-ci, *honnête*, *agréable*, *aimable*; pour le connoître il n'y aura qu'à le construire avec deux Substantifs d'un genre différent: *un jardin agréable*, *une ſalle agréable*, *un homme honnête*, *une femme honnête*, *un jeune homme aimable*, *une Demoiſelle aimable.*

Il eſt auſſi des circonſtances où le nom Adjectif eſt dans la phraſe ſans l'appui d'un Subſtantif : *un ſage*, *un fou*, *un ignorant*, *le joli* fait plus d'impreſſion ſur le cœur que *le beau.* Tous ces Adjectifs ſont conſidérés comme Subſtantifs parce qu'ils s'entendent.

Des Adjectifs communément appellés Noms de Nombre.

EN VOICI LE TABLEAU.

un,	neuf,	dix-ſept,
deux,	dix,	dix-huit,
trois,	onze,	dix-neuf,
quatre,	douze,	vingt,
cinq,	treize,	vingt & un,
ſix,	quatorze,	vingt-deux,
ſept,	quinze,	trente & un,
huit,	ſeize,	trente-deux,
		trente-trois,

quarante,	quatre-vingt-un,
quarante & un,	quatre-vingt-deux,
quarante-deux, &	quatre-vingt-dix,
cinquante,	cent,
cinquante & un,	cent un,
cinquante deux,	cent deux,
soixante,	deux cents,
soixante & un,	trois cents, &
soixante-deux,	mille,
soixante & dix,	mille & un,
soixante & onze,	mille & deux,
quatre-vingt,	deux mille,
	trois mille.

Des degrés de Comparaison.

Les degrés de comparaison ne conviennent qu'aux noms Adjectifs. On en compte trois; le *Positif*, le *Comparatif*, le *Superlatif*. Le *Positif* n'est autre chose que l'Adjectif simplement: ainsi les mots *joli*, *aimable*, *gracieux*, *affable*, sont des Adjectifs au *Positif*.

Le *Comparatif* augmente d'un degré le

Positif, si le mot *plus* est mis avant l'Adjectif; c'est un Comparatif d'excès; si c'est le mot *moins*, c'est un Comparatif de défaut; si un de ces mots-ci *autant*, *aussi*, se trouve également mis avant, c'est alors un Comparatif d'égalité. On trouvera ces différents degrés de comparaisons dans ces vers.

» Qu'est-ce que l'amitié? — chimere :
» Un nom *aussi vain*, profané douteux;
» C'est l'ombre du destin prospere,
» Mais qui fuit l'homme malheureux,
» L'amour est chose *moins réelle*;
» Et la beauté *plus fiere* en fait un jeu.
» C'est pour la seule tourterelle
» Que s'est réservé ce beau feu.

Où l'on voit que l'Adjectif *vain* est au Comparatif d'égalité; *réelle* au Comparatif de défaut; & *fiere* au Comparatif d'excès.

Le *Superlatif* augmente au plus haut degré le Positif. Si un de ces mots *très* ou *fort* est mis avant l'Adjectif, ce sera un

Superlatif abſolu , exemple : votre procédé eſt *très* ou *ſort honnête.* Si un de ceux-ci, *le plus*, *la plus*, *du plus*, à *la plus*, *au plus*, ſe trouve également avant l'Adjectif, ce ſera un Superlatif rélatif, exemples : Madame eſt *la plus agréable* des femmes, vous êtes le *plus charmant* des hommes.

Des Articles.

Les Articles ſont de petits mots qui ſe mettent avant les autres. En voici le nombre ; *le*, *la*, *les*, *de*, *du*, *des*, *à*, *au*, *aux*, *ô*, *un*, *une.*

On les trouvera dans ces vers du célebre Rouſſeau qui dépeint ainſi l'avarice.

O monſtre inſatiable !
Superbe tyran *des* humains !
Qui ſeul *du* bonheur véritable,
A l'homme as fermé *les* chemins;
Pour appaiſer ſa ſoif ardente,
La terre en tréſors abondante
Fait germer l'or ſous ſes pas ;

Il brûle *d'un* feu ſans remede ;
Moins riche *de* ce qu'il poſſede,
Que pauvre *de* ce qu'il n'a pas.

Les mots *de*, *du*, *des*, *ô*, *un*, ſont les Articles.

Des Pronoms.

Un Pronom eſt un nom qui tient la place d'un autre. L'Académie a réduit les Pronoms à ſix, quoique M. Reſtaud en veuille abſolument ſept.

Les Pronoms perſonnels,
Les Pronoms poſſeſſifs,
Les Pronoms démonſtratifs,
Les Pronoms rélatifs,
Les Pronoms abſolus,
Les Pronoms indéterminés.

Les Pronoms perſonnels pour la premiere perſonne du Singulier ſont *je*, *me*, *moi*, exemples : *je* chante, *je me* flatte, c'eſt *moi*.

Nous pour la premiere perſonne du Pluriel des deux genres : *nous* promenons, *nous nous* coëffons, pour la ſeconde perſonne du Singulier, *tu*, *te*, *toi*, pour les deux genres : *tu* promenes, *tu te* ſignales, eſt-ce *toi* ?

Vous pour la ſeconde perſonne du Pluriel & du Singulier : du Pluriel, quand on parle à pluſieurs, comme quand je dis ; Meſdames, voulez-*vous* jouer ? du Singulier quand on ne parle qu'à une ſeule perſonne, exemple : *vous* plaiſantez, Monſieur.

Pour la troiſieme perſonne du Singulier, *il*, *elle*, *lui*, exemples : *il* charme, *elle* rit, c'eſt *lui*. *Ils*, *eux*, *elles*, pour la troiſieme perſonne du Pluriel. *Ils* s'en vont, *elles* jouent, la diſſention eſt entr'*eux*.

Les mots *ſe*, *ſoi*, ſont encore mis au nombre des Pronoms perſonnels, exemples : il eſt auſſi aiſé de *ſe* tromper ſans s'en appercevoir, qu'il eſt difficile de tromper les autres ſans qu'ils s'en apperçoivent. On eſt au déſeſpoir d'être trompé par ſes ennemis, & trahi par ſes amis; & on eſt ſouvent ſatisfait de l'être par *ſoi*-même.

Les Pronoms poſſeſſifs, ainſi appellés, parce qu'ils marquent la poſſeſſion de l'objet, ſont *mon*, *ma*, *mes*, *ton*, *ta*, *tes*, *ſon*, *ſa*, *ſes*, *nôtre*, *vôtre*, *leur*, le *mien*, la *mienne*, le *tien*, la *tienne*, le *ſien*, la *ſienne*, le *nôtre*, le *vôtre*, les *nôtres*, les *vôtres*, les *miens*, les *miennes*, les *tiens*, les *tiennes*, les *ſiens*, les *ſiennes*, *nos*, *vos*, *leurs*, exemples: *notre* maiſon, *votre* château, *ſon* jupon, *ſa* coëfe, *ſes* bijoux, *mon* diamant, *vos* rubans, *ton* bracelet, *nos* plumets.

Les Pronoms démonſtratifs indiquent l'objet, les voici: *ce*, *cet*, *cette*, *ces*, *celui*, *celle*, *celui-ci*, *celle-ci*, *celui-là*, *celle-là*, *ceux-là*, *celles-là*, exemples: *cette* filoche, *ce* hameau, *ces* côteaux, &c.

Les Pronoms rélatifs ſont *qui*, *que*, *quel*, *lequel*, *laquelle*, *dont*, de *qui*, *duquel*, de *laquelle*, à *qui*, *auquel*, à *laquelle*, *auxquels*. On les appelle Pronoms rélatifs parce qu'ils se rapportent ordinairement à un Nom ou à un Pronom qui précéde & qu'on nomme Antécédent.

Ces Pronoms sont désignés dans ce passage de la Jérusalem délivrée, où Monsieur de Mirabeau peint ainsi le palais d'Armide.

« Le superbe palais d'Armide étoit d'une
» forme ronde. Au centre il y avoit un
» jardin à la beauté *duquel* rien ne peut
» être comparé. Il étoit environné de bâ-
» timents vastes & magnifiques dans *les-*
» *quels* on avoit pratiqué un si grand nom-
» bre de détours, qu'il étoit impossible de
» pénétrer dans l'intérieur de ce merveil-
» leux édifice. Sa grande porte étoit d'ar-
» gent, & les gonds en étoient d'or. Mais
» cependant l'ouvrage *dont* elle étoit or-
» née, surpassoit infiniment la matiere.
» Les figures *qu*'on y avoit gravées, étoient
» si bien faites, & on leur avoit donné
» tant d'expression, qu'elles paroissoient
» animées. Les parterres émaillés de fleurs,

» les bosquets toujours verds, les fontai-
» nes cryſtallines prodiguoient leurs eaux
» ſous mille formes différentes; les grot-
» tes; les riants côteaux, les vallons frais
» & ſombres ornoient à l'envi ce délicieux
» ſéjour. Mais ce *qui* en faiſoit la plus
» grande beauté, c'eſt que l'Art y étoit
» tellement caché, que ce jardin ſembloit
» devoir à la nature ſeule tous ſes orne-
» ments ».

Les mots *dont*, *duquel*, *qui*, *leſquels*, dans ce morceau ſont appellés Pronoms rélatifs parce qu'ils ſe rapportent au Nom ou au Pronom qui les précède.

OBSERVATION.

L'Académie a mis au nombre des Pronoms rélatifs les mots *le*, *la*, *les*, *en*, *y*, lorſqu'ils dépendent d'un Verbe. Un Verbe eſt un mot avant lequel on peut mettre les Pronoms perſonnels *je*, *tu*, *il*, &c. Ainſi les mots *aime*, *joue*, *chante*, &c. ſont des Verbes. Les Pronoms ci-deſſus établis par l'Académie ſont dans ces différents quatrains.

„ Oui, je *le* crois ; *j'y* conſens avec vous
„ Que tous les Poëtes ſont fous ;
„ Mais ſachant ce que vous êtes,
„ Tous les fous ne ſont pas Poëtes.

„ Que me veut donc cette importune ?
„ Que je *la* compare au Soleil.
„ Il eſt commun ; elle eſt commune :
„ Voilà ce qu'ils ont de pareil.

„ Tes vers ſont beaux quand tu *les* dis ;
„ Mais ce n'eſt rien quand je *les* lis,
„ Tu ne peux pas toujours *en* dire :
„ Fais *en* donc que je puiſſe lire.

Dans ces différents morceaux de poëſie les mots *le*, *la*, *les*, *en*, *y*, ſont *Pronoms rélatifs* parce qu'ils dépendent des Verbes qui ſont mis immédiatement après eux. Les Pronoms abſolus ſont, *qui*, *que*, *quoi*, *lequel*, *laquelle*, &c. on les appelle Pronoms abſolus parce qu'ils n'expriment point de rapport ; voilà en quoi ils different des Pronoms rélatifs qui en expriment toujours un. Ils sont sur-tout d'usage dans les phrases interrogatives, & dans celles qui marquent le doute ou l'incertitude. Ces Pronoms sont marqués dans ce petit Dialogue de Madame de * * *.

LE CHEVALIER D'AUMER *dit :*

“ *Que* vois-je au fond de ce jardin ?

Mdlle. D' ANCI.

» Rien Monsieur.

LE CHEVALIER.

» *Quoi*, rien ? je crois que vous plaisantez, Mademoiselle ; je n'ai pas un » bandeau devant les yeux.

Mdlle. D' ANCI.

» *Qui* vous dit *que* vous en avez un ? » c'est seulement le fruit de votre imagi- » nation exaltée...... *quel* est celui d'entre » les hommes dont le cerveau n'auroit pas » besoin d'être souvent purgé par l'ellébore ?

Les Pronoms indéterminés, c'est-à-dire,

ceux qui expriment un objet vague, indéterminé, ſont *quelqu'un*, *chacun*, *quiconque*, *ou*, *rien*, *autrui*, *l'un*, *l'autre*, *pluſieurs*, *quelque*, *tout*, *quoi que ce ſoit*, *aucun*, *même*, *nul*, *pas un*, *perſonne*; les mots *quoi*, *que*, ſont mis également au nombre des Pronoms indéterminés, comme dans ces vers de Boileau :

Quoi que vous écriviez, évitez la baſſeſſe ;
Le ſtyle le moins noble a pourtant ſa nobleſſe.

Cette définition des Pronoms extraits des Mémoires de l'Académie, ſuffira pour en avoir une notion claire, pour peu qu'on veuille s'y arrêter. M. Reſtaud principalement, & tous nos Grammairiens Claſſiques, pour traiter cette matiere, ont uſé bien du papier qui auroit pû être employé plus utilement.

Des Verbes.

Un Verbe eſt un mot qui marque une action faite ou reçue par le ſujet. On connoît qu'un mot eſt un *Verbe* lorſqu'on peut mettre avant lui les Pronoms perſonnels qui ſont *je*, *tu*, *il*, *nous*, *vous*, *ils*; ainſi dans cette deſcription de l'Eté par M. le Cardinal de Bernis :

Soleil, c'eſt aujourd'hui ta fête;
L'Eté chargé de blonds épis,
Étale ſes riches habits,
Et *fait* rayonner ſur ſa tête
L'or, les Saphirs, & les rubis.
Leves-toi, *répands* la lumiere,
Brille, *triomphe* à tous les yeux;
Pourſuis la nuit dans ſa carriere,
Et *chaſſe* du trône des Cieux
Sa pâle & tremblante courriere.

Les mots *étale*, *fait*, *leves*, *répands*, *brille*, *triomphe*, *pourſuis*, *chaſſe*, ſont des Verbes, parce qu'on peut mettre avant eux les Pronoms perſonnels, & qu'on peut dire; *je brille*, *tu brilles*, *il brille*, *nous brillons*, *vous brillez*, *ils brillent*; *je triomphe*, *tu étales*, *tu pourſuis*, *il répand*;

nous

nous triomphons, *vous étalez*, *vous poursuivez*; *je chasse*, *tu chasses*, &c.

Avant d'entrer dans les différentes sortes de Verbes, il convient de savoir ce qu'on entend par *sujet* & *attribut*.

Le *sujet* est la personne ou la chose dont on parle. L'*attribut* est ordinairement l'Adjectif. M. de Buffon dans sa description du Serin de Canarie, dit :

« *Forme élégante*, *taille légere* & *souple*, *gentil plumage*, *chant mélodieux*, » *cadences perlées*, tout enchante dans ce » joli petit Musicien de nos appartements. » Il a le talent de plaire aux Dames & aux » Demoiselles qui font leur amusement de » son éducation. *Petits soins*, *complaisances extrêmes*, *attentions inouies*, *baisers* » *tendres*, *caresses vives*, rien n'est épargné..... Où l'on voit que les mots *forme*, *taille*, *plumage*, *chant*, *cadences*, *soins*, *complaisances*, *baisers*, *caresses*, sont le sujet; & les noms dont ils sont ſuivis, tels que *légere*, *ſouple*, *gentil*, *mélodieux*, &c. ſont l'*attribut* ou l'*Adjectif*.

Des différentes ſortes de Verbes.

Il y a trois ſortes de Verbes, le Verbe *actif*, le Verbe *paſſif*, & le Verbe *neutre*.

Le Verbe *actif* marque une action faite par le ſujet: Mademoiſelle *joue*, *chante*, *danſe* à merveille.

Le Verbe *paſſif* marque une action reçue, ſoufferte par le ſujet, exemples: tu *ſeras puni*, tu *ſeras châtié* de ta témérité.

Le Verbe *neutre* n'exprime que l'état du ſujet: *je repoſe*, *je dors*.

Il y a encore des Verbes *pronominaux*, des Verbes *imperſonnels*, des Verbes *réfléchis*, des Verbes *réciproques*.

Un Verbe *pronominal* eſt celui qui ſe conjugue avec les deux Pronoms de la même perſonne: *je me coîfe*, *nous nous coîfons*.

Un Veibe *imperſonnel* eſt celui qui ne

ſe conjugue qu'à la troiſieme perſonne du Singulier : *il faut*, *il importe.*

Le Verbe *réfléchi* marque une action qui réjaillit ſur le ſujet : Lucrece *s'eſt tuée.*

Le Verbe *réciproque* exprime l'action de pluſieurs ſujets qui agiſſent les uns ſur les autres, exemple : *nous nous heurtons.*

De la Conjugaiſon des Verbes.

Conjuguer un Verbe, c'eſt le rendre avec toutes les modifications dont il eſt ſuſceptible, leſquelles conſiſtent en *nombre*, *perſonnes*, *temps* & *modes.*

Quant au nombre *je* déſigne le Singulier dans les Verbes, & *nous* indique le Pluriel, exemples : *je ris*, *nous chantons.*

Quant aux perſonnes, il y en a trois : celle qui parle, *je plaiſante* ; celle à qui l'on parle, *tu plaiſantes* ; & celle de qui l'on parle, *il plaiſante*, ou toute autre choſe qui fait le ſujet du diſcours.

Des Tems.

A proprement parler, il n'y a que trois

tems ; le préſent , *je joue* ; le paſſé , *je jouai* ; le futur , *je jouerai.* Il y en a d'autres dont nous ferons connoître la propriété en parlant des *modes.*

Des Modes.

Les *Modes* ſont les différentes manieres d'employer le Verbe ; il y en a quatre : l'*Indicatif*, l'*Impératif*, le *Subjonctif*, & l'*Infinitif.*

De l'Indicatif, 1er. *Mode.*

L'*Indicatif* marque une affirmation ſimple de ce qui eſt ſignifié par le Verbe. Dans ce quatrain :

Tantôt pour un plaiſir, tantôt pour une affaire,
Nos ſoins ſont prodigués, notre tems eſt perdu;
Et nous *ſongeons* à la vertu ,
Quand nous n'*avons* plus rien à faire.

Les Verbes *ſongeons* , *avons* , ſont à l'Indicatif.

Des tems de l'Indicatif.

Les tems de l'Indicatif ſont le *préſent* ,

l'*Imparſait*, le *Paſſé* ou *Parfait*; (ſelon les Grammairiens, *Parfait* ou *Paſſé*, c'eſt la même choſe.) Le *Parfait indéfini*, le *Parfait antérieur*, le *plus-que-Parfait*, le *Futur*, le *Futur paſſé*, le *Conditionnel préſent* & le *Conditionnel paſſé*.

Le *Préſent* marque une choſe qui eſt ou qui ſe fait au tems ou l'on parle; ainſi dans ces vers :

„ Dieu nous *vend*, il eſt vrai, le bien qu'il nous envoie :
„ Mais les maux qu'il y *mêle*, il *ſait* les tempérer.
„ Je ne *ſuis* quoi d'amer *naît* du ſein de la joie ;
„ Et je ne *ſais* quel charme on *éprouve* à pleurer.

Les Verbes écrits en lettres italiques ſont au Préſent, parce qu'ils déſignent une choſe qui eſt ou qui ſe fait au tems où l'on parle.

L'*Imparſait* ou *Préſent* rélatif exprime une action qui n'eſt pas entiérement terminée; ce tems eſt très-bien exprimé dans les vers ſuivants :

« Simonnet *annonçoit* un méchant caractere :
„ A le moriginer, chacun *perdoit* ſon tems.
„ C'*étoit* un villageois, il n'*avoit* que douze ans

„ Et déjà ne *trouvoit* du plaisir qu'à mal faire.
„ Les bergers le *fuyoient* : lorsqu'il *venoit* aux champs ;
„ Il *frappoit* sans pitié les troupeaux innocents,
„ *Enlevoit* un agneau quand il *tettoit* sa mere,
„ Et lorsque du hameau, quelque jeune bergere,
„ Admiroit ses appas, au bord d'un clair ruisseau,
„ Le malin enfant *troubloit* l'eau,
„ Etant bien sûr de lui déplaire.

Les Verbes *fuyoient*, *annonçoit*, *frappoit*, *venoit*, &c. sont à l'Imparfait, parce qu'ils marquent une action commencée & non achevée.

Le *Parfait* marque une chose faite acomplie. Dans cette Epitaphe par M. Collin :

„ Ci-gît Grégoire. Au monde en sept cent trente il *vint*,
„ Et *rendit* l'ame en sept cent quatre-vingt.
„ Vous savez en deux mots tout ce qu'a fait Grégoire :
„ Il *naquit*, il *mourut* ; c'est toute son histoire.

Les Verbes *vint*, *rendit*, *naquit*, *mourut*, sont au *Parfait* parce qu'ils marquent une chose accomplie.

Le *Parfait indéfini* marque une chose passée dans un tems qu'on ne désigne pas ; ou dans un tems désigné, mais qui n'est pas entiérement écoulé : exemple des deux Cas..... Le François a toujours été furieux lorſqu'on lui *a réſiſté*, & toujours plein de douceur & de généroſité pour un ennemi déſarmé. Il *s'eſt battu* comme un lion, & *a traité* le vaincu comme ſon meilleur ami. *A réſiſté*, s'*eſt battu*, *a traité* ſont au *Parfait indéfini* parce qu'ils marquent des choſes paſſées dans un tems qu'on ne déſigne pas. Mais quand je dis ; le François *a remporté* aujourd'hui la victoire ſur les Anglois à la bataille de Fontenoy. *A remporté* déſigne une action paſſée dans un tems qui n'eſt pas encore tout-à-fait écoulé.

Le *Parfait antérieur* marque une choſe faite avant une autre, exemples : « Lorſque » les Eſpagnols *furent entrés* dans le Mexi- » que, & que le barbare Alderete *eut* » *chargé* de fers, & *eut fait* mettre ſur » de charbons ardents l'infortuné Empe- » reur Guatimozin, & ſon favori, pour » les obliger par ce ſupplice à déclarer où

» étoient les trésors de l'Empire ; le Mi-» nistre cédant à sa douleur, jette quelques » cris. Guatimozin le regarde : & moi, » lui dit-il : suis-je sur un lit de roses ? » *Histoire d'Espagne.*

On voit dans ce trait d'histoire que les Verbes *furent entrés*, *eut chargé*, *eut fait*, sont au *Parfait antérieur* parce qu'ils désignent une action faite avant une autre. Nous ne parlerons point du *Parfait antérieur défini*, ce tems n'étant pas usité dans les conjugaisons.

Le *plus-que-Parfait* marque une chose faite depuis très-long-tems, exemples.... Henri IV *avoit témoigné* pendant long-tems à Madame de Pons de Guercheville toute l'inclination qu'il avoit pour elle : & toujours cette Marquise, par sa sage résistance, *avoit inspiré* de l'estime à ce même Prince qui lui dit enfin : « Puisque vous êtes vé-» ritablement Dame d'honneur, vous le » serez de la Reine ma femme ».

Avoit inspiré, *avoit témoigné*, sont au

plus-que-Parfait, par l'action qu'ils désignent faite depuis long-tems.

Le *Futur* marque une chose qui n'est pas, mais qui *sera* ou qui *se sera*; on trouvera le tems dans cette Strophe, où M. de Saint Samson fait l'éloge de M. de Voltaire.

» Le tems *entassera* ruines sur ruines;
» Du Pôle à l'Equateur il *roulera* les mers;
» Les volcans *vomiront* les entrailles des mines;
» Leurs laves *changeront* les cités en déserts.
» Un jour, dans leurs brûlants abîmes,
» Les monts ébranlés de leurs cîmes,
» Avec fracas s'*écrouleront*.
» Tout naît, meurt, renaît sur la terre:
» Mais d'avoir enfanté Voltaire
» Les siecles se *reposeront*.

Le *Futur passé* marque une chose qui sera faite, lorsqu'une autre arrivera, exemple: lorsque *vous aurez guéri* mon charmant *Manitou*, (*a*) disoit une Dame au fameux Lyonnois, (*b*) je vous récompenserai au-delà de toute espérance.

(*a*) Petit chien.

(*b*) Célebre Médecin de l'espece canine.

Le *Conditionnel préſent* marque une choſe qui ſe feroit, moyennant certaines conditions, exemple : « Votre Excellence » s'abaiſſe juſqu'à ſaluer un eſclave, diſoit » quelqu'un à un Gouverneur de la Virgi- » nie ? ſans doute, reprit le Gouverneur : » *je ſerois fâché*, ſi un eſclave ſe montroit » plus honnête que moi.

Le *Conditionnel paſſé* marque une choſe qui ſe feroit faite ſi on l'avoit voulu, exemple : « Les François aſſiégeoient une place. » L'Officier qui les commandoit fit pro- » poſer aux Grenadiers une ſomme conſidé- » rable pour celui qui, le premier plante- » roit une faſcine dans le foſſé expoſé à » tout le feu des ennemis. Aucun des Gre- » nadiers ne ſe préſenta. Le Général éton- » né, leur en fit des reproches ; *nous nous* » *ſerions offerts* lui dit un de ſes braves » Soldats, ſi l'on n'avoit pas mis cette » action à prix d'argent ». *Serions offerts* » eſt au *Conditionnel paſſé*, parce qu'il désigne une action qui se seroit faite si on l'avoit voulu.

De l'Impératif, 2me. *Mode.*

L'*Impératif* désigne l'action de commander, de prier, d'exhorter :

Dans Zaïre, Orosmane dit à son confident dans un noir accès de jalousie & de fureur :

» *Cours* chez elle à l'instant ; *va*, *vole* Corasmin ;
» *Montre*-lui cet écrit.... qu'elle tremble.... & soudain
» De cent coups de poignard que l'infidelle meure.
» Mais avant de frapper..... Ah ! cher ami, *demeure*
» *Demeure*, il n'est pas tems. Je veux que ce Chrétien
» Devant elle amené.... non.... je ne veux plus rien ;
» Je me meurs.... je succombe à l'excès de ma rage.

Les Verbes *va*, *vole*, &c. sont à l'Impératif par l'action de commander qui les accompagne.

Du Subjonctif, 3me. *Mode & de ses tems.*

Les tems du *Subjonctif*, ainsi appellé, parce que ce Mode se met ordinairement après la *Conjonction que*, (*) sont le *Présent*, l'*Imparfait*, le *Parfait*, & le *plus-que-Parfait*. Exemples du *Subjonctif*.

» Je te salue, ô chêne antique !
» A ton aspect majestueux,
» *Qu'on t'honore* d'un cantique ;
» *Qu'on baisse* un front respectueux !
» Et les oiseaux par leur ramage,
» *Qu'ils chantent* ta gloire d'âge en âge !
» Ici tous les jours attiré,
» *Que je t'apporte* mon offrande ;
» Et d'une superbe guirlande,
» *Que je ceigne* ton pied sacré.

On voit dans ces vers que les Verbes *honore*, *baisse*, *chantent*, &c. sont au *Subjonctif* par le mot *que* qui indique ce *Mode*, toutes les fois qu'il est mis avant un Verbe.

Nous avons déjà dit ce que c'étoit que l'*Imparfait*, le *Parfait*, & le *plus-que-*

(*) La Conjonction est un mot indéclinable qui sert à en lier deux ou plusieurs ensemble ; tels sont ceux-ci ; *ou*, *&*, *si*, *que*, &c.

Parfait en parlant des *tems* de l'*Indicatif*; nous ne le répéterons point ici, quoique le Subjonctif soit susceptible des mêmes tems.

Des tems de l'Infinitif, 4me. *Mode.*

Les *tems de l'Infinitif* sont le *Présent*, le *Parfait*, le *Participe actif présent*, le *Participe passif*, le *Gérondif présent*, & le *Gérondif passé.*

Tous les *Infinitifs* des Verbes sont terminés ou en *er*, ou en *ir*, ou en *oir*, où en *re.* Ainsi toutes les fois qu'un Verbe aura cette terminaison, on connoîtra par-là, qu'il est à l'*Infinitif.*

Dans Xercès, Darius dit à Artaxerce son frere :

« Va, je n'ai pas besoin de conseils pour *mourir;*
» La mort, sans m'*effrayer*, à mes yeux peut s'*offrir* :
» C'est le supplice, & non le trépas qui m'offense;
» C'est de te *voir*, cruel, *braver* mon innocence;
» Te *plaire* en ton erreur, *chercher* à t'*abuser.*

On voit dans ces vers que les Verbes

effrayer, *voir*, *plaire*, *offrir*, &c. ſont à l'*Infinitif* par les terminaiſons qui caractériſent ce *Mode*.

Le Parfait de l'Infinitif marque un paſſé rélatif au Verbe qui le précede, exemple: je crois vous *avoir vu* hier à la promenade.

Le *Participe*, ainſi appellé, parce qu'il participe de la nature du Verbe & de celle de l'Adjectif, eſt *actif* ou *paſſif*.

Lorſqu'il eſt *Participe actif* il ſe termine par *ant*, demeure indéclinable, & réjaillit ſur la perſonne à qui l'on parle, exemple: je vous ai vu de ma fenêtre *cueillant* les plus jolies fleurs de mon jardin. Le Verbe *cueillant* eſt au *Participe actif* parce qu'il marque une action qui réjaillit ſur la perſonne à qui l'on parle.

Lorſqu'il eſt *Participe paſſif* il eſt terminé ordinairement ou en *é*, ou en *i*, ou en *ert*, ou en *u*, & déſigne une choſe paſſée, exemples: c'eſt cet ingrat que j'ai *aimé*.... quels maux pour lui n'ai-je pas *ſoufferts*.... victime de ma bonté, le ciel m'a *puni*.... & toutes ces calamités..... comment ne les avois-je pas *prévues?*.... Madame de B***.

Le *Gérondif* est *présent* ou *passé*. On sait que les *Gérondifs* désignent ou l'état du sujet, la raison, le fondement de l'action; ou un moyen de parvenir à une fin; & ils different du Participe en ce qu'ils marquent une action qui réjaillit sur la personne qui parle; au lieu que le Participe en désigne une qui rejaillit sur la personne à qui l'on parle. Les Gérondifs, ainsi que les Participes actifs, ne prennent ni genre, ni nombre. Exemple du Gérondif présent. Dans ces vers à Madame de B***.

> Vive & douce Eléonore,
> On croit vous lire *en* vous *voyant*,
> Heureux qui peut jouïr de ce double agrément.
> Plus heureux le mortel qui vous ignore.

Voyant est au Gérondif présent par l'action qui réjaillit sur la personne qui parle.

Exemple du Gérondif passé.

Tancrede & Regnaud *ayant été* délivrés

des enchantemens de la perfide Armide, mirent en fuite l'armée des infidelles : *Jérusalem délivrée*, *Tom. I.*

Table des Conjugaifons.

Les diverfes terminaifons de toutes les parties du Verbe, & principalement de l'Infinitif, forment les différentes conjugaifons.

Nous avons déjà dit que les Infinitifs de nos Verbes fe terminoient en *er*, en *ir*, en *oir* ou en *re* ce qui fait en général quatre conjugaifons. Mais comme les Verbes en *ir* & en *re* fe conjuguent différemment aux mêmes tems & aux mêmes perfonnes, on peut diftinguer jufqu'à onze conjugaifons dans notre langue nous avons deux Verbes auxiliaires, ainfi appellés, parce qu'ils aident à conjuguer les autres ; ce font les Verbes *avoir* & *être*.

La table des Conjugaifons de M. de Wailly, faite d'après le fentiment de l'Académie, nous a paru la plus fimple. Il ſeroit difficile d'en donner une qui fût plus à la portée de nos jeunes Orthographiſtes: nous l'avons adoptée. Ainſi dans la table, ſuivante on conjuguera en même tems les Verbes *avoir*, *aimer*, *être*. Au Verbe *avoir*, ſera joint le Subſtantif *ſoin* afin que les jeunes perſonnes voient que *j'ai* avec un Subſtantif, marque un Préſent ; & qu'avec un Participe, il marque un Paſſé. Après le Verbe *être*, on mettra le Participe *aimé*, par ce moyen, on aura le Paſſif du Verbe *aimer* : & l'on verra plus aiſément l'emploi des Verbes auxiliaires.

Cependant nous ne commencerons point, comme M. de Wailli, par l'Infinitif des conjugaiſons. Cette méthode qui n'a jamais été le ſentiment des quarante, ne ſera point la nôtre. Ce ſeroit vouloir ſemer peu de clarté dans une matiere qui en demande beaucoup. Nous obſerverons l'ordre qu'on garde ordinairement dans toutes les langues, qui eſt de mettre l'Infinitif à la fin des conjugaisons. Cet Auteur qui ne fondoit ses regles que sur l'autorité de l'Académie, auroit bien pu se dispenser de cette nouveauté. Mais, telle est la loi de l'amour-propre qui ne perd rien, lors même qu'il renonce à la vanité.

CONJUGAISONS DES VERBES.

INDICATIF.

PRÉSENT.

J'ai (soin)	j'aime	je suis (aimé ée.)
Tu as	tu aimes	tu es.
Il ou elle a	il ou elle aime	il ou elle est.
Nous avons	nous aimons	nous sommes.
Vous avez	vous aimez	vous êtes.
Ils ou elles ont.	ils ou elles aiment.	ils ou elles sont.

IMPARFAIT.

J'avois (soin)	j'aimois	j'étois aimé (ée).
Tu avois	tu aimois	tu étois.
Il ou elle avoit	il ou elle aimoit	il ou elle étoit.
Nous avions	nous aimions	nous étions.
Vous aviez	vous aimiez	vous étiez.
Ils ou elles avoient.	ils ou elles aimoient.	ils ou elles étoient.

PARFAIT.

J'eus (soin)	j'aimai	je fus aimé (ée.)
Tu eus	tu aimas	tu fus.
Il ou elle eut	il ou elle aima	il ou elle fut.
Nous eûmes	nous aimâmes	nous fûmes.
Vous eûtes	vous aimâtes	vous fûtes.
Ils ou elles eurent.	ils ou elles aimerent.	ils ou elles furent.

PARFAIT.
INDÉFINI.

J'ai eu (soin)	j'ai aimé	j'ai été (aimé ée.)
Tu as eu	tu as aimé	tu as été.
Il ou elle a eu	il ou elle a aimé	il ou elle a été.
Nous avons eu	nous avons aimé	nous avons été.

Vous avez eu	vous avez aimé	vous avez été.
Ils ont eu.	ils ont aimé.	ils ont été.

PARFAIT ANTÉRIEUR.

J'eus eu (soin)	j'eus aimé	j'eus été (aimé &c.)
Tu eus eu	tu eus aimé	tu eus été.
Il eut eu	il eut aimé	il eut été.
Nous eûmes eu	nous eûmes aimé	nous eûmes été.
Vous eûtes eu	vous eûtes aimé	vous eûtes été.
Ils eurent eu.	ils eurent aimé.	ils eurent été.

PLUSQUE-PARFAIT.

J'avois eu (soin)	j'avois aimé	j'avois été (aimé &c.)
Tu avois eu	tu avois aimé	tu avois été.
Il avoit eu	il avoit aimé	il avoit été.
Nous avions eu	nous avions aimé	nous avions été.
Vous aviez eu	vous aviez aimé	vous aviez été.
Ils avoient eu.	ils avoient aimé.	ils avoient été.

FUTUR.

J'aurai (soin)	j'aimerai	je serai (aimé &c.)
Tu auras	tu aimeras	tu seras.
Il aura	il aimera	il sera.
Nous aurons	nous aimerons	nous serons.
Vous aurez	vous aimerez	vous serez.
Ils auront.	ils aimeront.	ils seront.

FUTUR PASSÉ.

J'aurai eu (soin)	j'aurai aimé	j'aurai été.
Tu auras eu	tu auras aimé	tu auras été.
Il aura eu	il aura aimé	il aura été.
Nous aurons eu	nous aurons aimé	nous aurons été.
Vous aurez eu	vous aurez aimé	vous aurez été.
Ils auront eu.	ils auront aimé.	ils auront été.

CONDITIONNEL PRÉSENT.

J'aurois (soin)	j'aimerois	je serois (aimé &c.)

Tu aurois	tu aimerois	tu serois.
Il auroit	il aimeroit	il seroit.
Nous aurions	nous aimerions	nous serions.
Vous auriez	vous aimeriez	vous seriez.
Ils auroient.	ils aimeroient.	ils seroient.

CONDITIONNEL PASSÉ.

J'aurois eu (soin)	j'aurois aimé	j'aurois été.
Tu aurois eu	tu aurois aimé	tu aurois été.
Il auroit eu	il auroit aimé	il auroit été.
Nous aurions eu	nous aurions aimé	nous aurions été.
Vous auriez eu	vous auriez aimé	vous auriez été.
Ils auroient eu.	ils auroient aimé.	ils auroient été.

AUTREMENT.

J'eusse eu (soin)	j'eusse aimé	j'eusse été.
Tu eusses eu	tu eusses aimé	tu eusses été.
Il eût eu	il eût aimé	il eût été
Nous eussions eu	nous eussions aimé	nous eussions été.
Vous eussiez eu	vous eussiez aimé	vous eussiez été.
Ils eussent eu.	ils eussent aimé.	ils eussent été.

IMPÉRATIF.

Point de premiere personne.

Aie (soin)	aime	sois (aimé &c.)
Qu'il ait	qu'il aime	qu'il soit.
Ayons	aimons	soyons.
Ayez	aimez	soyez.
Qu'ils ayent.	qu'ils aiment.	qu'ils soient.

SUBJONCTIF.

Que j'aye (soin)	que j'aime	que je sois (aimé &c.)
Que tu ayes	que tu aimes	que tu sois.
Qu'il ait	qu'il aime	qu'il soit.
Que nous ayons	que nous aimions	que nous soyons.
Que vous ayez	que vous aimiez	que vous soyez.
Qu'ils ayent.	qu'ils aiment.	qu'ils soient.

IMPARFAIT.

Que j'euſſe (ſoin)	que j'aimaſſe	que je fuſſe (aimé éc.)
Que tu euſſes	que tu aimaſſes	que tu fuſſes.
Qu'il eût	qu'il aimât	qu'il fût.
Que nous euſſions	que nous aimaſſions	que nous fuſſions.
Que vous euſſiez	que vous aimaſſiez	que vous fuſſiez.
Qu'ils euſſent.	qu'ils aimaſſent.	qu'ils fuſſent.

PARFAIT.

Que j'aye eu	que j'aye aimé	que j'aye été.
Que tu ayes eu	que tu ayes aimé	que tu ayes été.
Qu'il ait eu	qu'il ait aimé	qu'il ait été.
Que nous ayons eu	que nous ayons aimé	que nous ayons été.
Que vous ayez eu	que vous ayez aimé	que vous ayez été.
Qu'ils ayent eu.	qu'ils ayent aimé.	qu'ils ayent été.

PLUSQUE-PARFAIT.

Que j'euſſe eu (ſoin)	que j'euſſe aimé	que j'euſſe été.
Que tu euſſes eu	que tu euſſes aimé	que tu euſſes été.
Qu'il eût eu	qu'il eût aimé	qu'il eût été.
Que nous euſſions eu	que nous euſſions aimé	que nous euſſions été.
Que vous euſſiez eu	que vous euſſiez aimé	que vous euſſiez été.
Qu'ils euſſent eu.	qu'ils euſſent aimé.	qu'ils euſſent été.

INFINITIF PRÉSENT.

Avoir (ſoin)	aimer	être (aimé éc.)

PARFAIT.

Avoir eu	avoir aimé	avoir été.

PARTICIPE ACTIF PRÉSENT.

Ayant	aimant	étant.

PARTICIPE PASSIF.

Eu, eue	aimé, aimée	été.

GÉRONDIF PRÉSENT.

Ayant ou en ayant	en aimant	étant.

GÉRONDIF PASSÉ.

Ayant eu	ayant aimé	ayant été.

Remarque. L'Imparfait de l'Indicatif, les Parfaits composés, *j'ai aimé*, *j'eus aimé*, *que j'aie aimé*, les Plusque-parfaits, les Futurs, les Conditionnels, se conjuguant de même dans toutes les conjugaisons, pour abréger, nous ne mettrons que la premiere personne de ces tems; on conjuguera les autres personnes comme dans *aimer*.

Conjugaison en ir.

INDICATIF

Présent.

1	2	3	4
Je finis	sens	ouvre	tiens.
Tu finis	sens	ouvres	tiens.
Il finit	sent	ouvre	tient.
Nous finissons	sentons	ouvrons	tenons.
Vous finissez	sentez	ouvrez	tenez.
Ils finissent	sentent	ouvrent	tiennent.

IMPARFAIT.

Je finissois	sentois	ouvrois	tenois.

PARFAIT.

Je finis	sentis	ouvris	tins.
Tu finis	sentis	ouvris	tins.
Il finit	sentit	ouvrit	tint.
Nous finîmes	sentîmes	ouvrîmes	tînmes.

Vous finîtes	sentîtes	ouvrîtes	tîntes.
Ils finirent	sentirent	ouvrirent	tinrent.

PARFAIT INDÉFINI.

J'ai fini	senti	ouvert	tenu.

PARFAIT ANTÉRIEUR.

J'eus fini	senti	ouvert	tenu.

PLUSQUE-PARFAIT.

J'avois fini	senti	ouvert	tenu.

FUTUR.

Je finirai	sentirai	ouvrirai	tiendrai.

FUTUR PASSÉ.

J'aurai fini	senti	ouvert	tenu.

CONDITIONNEL PRÉSENT.

Je finirois	sentirois	ouvrirois	tiendrois.

CONDITIONNEL PASSÉ.

J'aurois fini	senti	ouvert	tenu.
Ou j'eusse fini	senti	ouvert	tenu.

IMPÉRATIF.

Finis	sens	ouvre	tiens.
Qu'il finisse	qu'il sente	qu'il ouvre	qu'il tienne.
Finissons	sentons	ouvrons	tenons.
Finissez	sentez	ouvrez	tenez.
Qu'ils finissent.	qu'ils sentent.	qu'ils ouvrent.	qu'ils tiennent.

SUBJONCTIF.

PRÉSENT.

Que je finisse	sente	ouvre	tienne.
Que tu finisses	sentes	ouvres	tiennes.
Qu'il finisse	sente	ouvre	tienne.
Que nous finissions	sentions	ouvrions	tenions.
Que vous finissiez	sentiez	ouvriez	teniez.
Qu'ils finissent	sentent	ouvrent	tiennent.

IMPARFAIT.

Que je finiſſe	ſentiſſe	ouvriſſe	tinſſe.
Que tu finiſſes	ſentiſſes	ouvriſſes	tinſſes.
Qu'il finit	ſentit	ouvrit	tint.
Que nous finiſſions	ſentiſſions	ouvriſſions	tinſſions.
Que vous finiſſiez	ſentiſſiez	ouvriſſiez	tinſſiez.
Qu'ils finiſſent	ſentiſſent	ouvriſſent	tinſſent.

PARFAIT.

Que j'aye fini	ſenti	ouvert	tenu.

PLUSQUE-PARFAIT.

Que j'euſſe fini	ſenti	ouvert	tenu.

INFINITIF.

Finir	ſentir	ouvrir	tenir.

PARFAIT.

Avoir fini	ſenti	ouvert	tenu.

PARTICIPE.

ACTIF PRÉSENT.

Finiſſant	ſentant	ouvrant	tenant.

PARTICIPE PASSIF.

Fini	ſenti	ouvert	tenu.

GÉRONDIF PRÉSENT.

En finiſſant	ſentant	ouvrant	tenant.

GERONDIF PASSÉ.

Ayant fini	ſenti	ouvert	tenu.

Conjugaison des Verbes en oir *& en* re.

INDICATIF.

PRÉSENT.

1	2	3	4
Je reçois	je plais	je parois	je réduis.
Tu reçois	tu plais	tu parois	tu réduis,
Il reçoit	il plait	il paroît	il réduit.
Nous recevons	nous plaisons	nous paroissons	nous réduisons.
Vous recevez	vous plaisez	vous paroissez	vous réduisez.
Ils reçoivent	Ils plaisent	ils paroissent	ils réduisent.

IMPARFAIT.

Je recevois	plaisois	paroissois	réduisois,

PARFAIT.

Je reçus	plus	parus	réduisis.
Tu reçus	plus	parus	réduisis.
Il reçut	plut	parut	réduisit.
Nous reçûmes	plûmes	parûmes	réduisîmes.
Vous reçûtes	plûtes	parûtes	réduisîtes.
Ils reçurent	plurent	parurent	réduisirent.

PARFAIT INDÉFINI.

J'ai reçu	plu	paru	réduit.

PARFAIT ANTÉRIEUR.

J'eus reçu	plu	paru	réduit

PLUSQUE-PARFAIT.

J'avois reçu	plu	paru	réduit.

FUTUR.

Je recevrai	plairai	paroîtrai	réduirai.

FUTUR PASSÉ.

J'aurai reçu	plu	paru	réduit.

CONDITIONNEL PRÉSENT.

Je recevrois | plairois | paroîtrois | reduirois.

CONDITIONNEL PASSÉ.

J'aurois reçu	plu	paru	réduit.
Ou j'eusse reçu	plu	paru	réduit.

IMPÉRATIF.

Reçois	plais	parois	réduis.
Qu'il reçoive	qu'il plaise	qu'il paroisse	qu'il réduise.
Recevons	plaisons	paroissons	réduisons.
Recevez	plaisez	paroissez	réduisez.
Qu'ils reçoivent	qu'ils plaisent	qu'ils paroissent	qu'ils réduisent.

SUBJONCTIF.

Que je reçoive	plaise	paroisse	réduise.
Que tu reçoives	plaises	paroisses	réduises.
Qu'il reçoive	plaise	paroisse	réduise.
Que nous recevions	plaisions	paroissions	réduisions.
Que vous receviez	plaisiez	paroissiez	réduisiez.
Qu'ils reçoivent	plaisent	paroissent	réduisent.

IMPARFAIT.

Que je reçusse | plusse | parusse | réduisisse.

PARFAIT.

Que j'aye reçu | plu | paru | réduit.

PLUSQUE-PARFAIT.

Que j'eusse reçu | plu | paru | réduit.

INFINITIF.

Recevoir | plaire | paroître | réduire.

PARFAIT.

Avoir reçu | plu | paru | réduit.

PARTICIPE ACTIF PRÉSENT.

Recevant | plaisant | paroissant | réduisant.

PATICIPE PASSIF.

Reçu	plu	paru	réduit.

GÉRONDIF PRÉSENT.

En recevant	plaiſant	paroiſſant	réduiſant.

GÉRONDIF PASSÉ.

Ayant reçu	plu	paru	réduit.

Conjugaiſon des Verbes prononinaux.

INDICATIF.

PRÉSENT.

4	5
Je me plains	je me rends.
Tu te plains	tu te rends.
Il ſe plaint	il ſe rend.
Nous nous plaignons	nous nous rendons.
Vous vous plaignez	vous vous rendez.
Ils ſe plaignent	ils ſe rendent.

IMPARFAIT.

Je me plaignois — je me rendois.

PARFAIT.

Je me plaignis — je me rendis.

PARFAIT INDÉFINI.

Je me ſuis plaint — je me ſuis rendu.

PARFAIT ANTÉRIEUR.

Je me fus plaint — je me fus rendu.

PLUSQUE-PARFAIT.

Je m'étois plaint — je m'étois rendu.

FUTUR.

Je me plaindrai — je me rendrai.

Futur passé.

Je me ferai plaint	je me ferai rendu.

Conditionnel présent.

Je me plaindrois	je me rendrois.

Conditionnel passé.

Je me ferois plaint	je me ferois rendu.
Ou je me fusse plaint	je me fusse rendu.

Impératif.

Plains-toi	rends-toi.
Qu'il se plaigne	qu'il se rende.
Plaignons-nous	rendons-nous.
Plaignez-vous	rendez-vous.
Qu'ils se plaignent	qu'ils se rendent.

Subjonctif.

Que je me plaigne	que je me rende.

Imparfait.

Que je me plaigniſſe	que je me rendiſſe.

Parfait.

Que je me sois plaint	que je me sois rendu.

Plusque-parfait.

Que je me fuſſe plaint	que je me fuſſe rendu.

Infinitif présent.

Se plaindre	se rendre.

Parfait.

S'être plaint	s'être rendu.

Participe actif présent.

Se plaignans	se rendant.

Participe passif.

Plaint	rendu.

GÉRONDIF PRÉSENT.

En ſe plaignant — en ſe rendant.

GÉRONDIF PASSÉ.

S'étant plaint — s'étant rendu.

Conjugaiſon du Verbe Imperſonnel.

Indicatif. *Préſent.*	Il faut.
Imparfait.	Il falloit.
Parfait.	Il fallut.
Parfait indéfini.	Il a fallu.
Parfait antérieur.	Il eut fallu.
Plusque-parfait.	Il avoit fallu.
Futur.	Il faudra.
Futur paſſé.	Il aura fallu.
Conditionnel préſent.	Il faudroit.
Conditionnel paſſé.	Il auroit fallu.
Subjonctif.	Qu'il faille.
Imparfait.	Qu'il fallût.
Parfait.	Qu'il ait fallu.
Plusque-parfait.	Qu'il eût fallu.
Gérondif paſſé.	Ayant fallu.

Les autres Tems de ce Verbe & l'*Impératif* ne ſont point en uſage. Les autres *Verbes imperſonnels* comme *il tonne*, *il pleut*, *il neige*, &c. ſubiſſent la même loi, & ne ſe conjuguent jamais qu'à la troiſieme perſonne du Singulier, ainſi que nous l'avons déjà obſervé en parlant des *Verbes*, Page 34.

De la formation des Tems.

Les Tems ſont ou *ſimples* ou *compoſés*. Les Tems *ſimples* ſont ceux qu'on emploie ſans le ſecours des Verbes *avoir* ou *être*; ainſi dans cette Epigramme :

« Pour tous les vers qu'il *fait*, le Poëte Lubin
» *Reſſent* une tendreſſe extrême :
» Mais des enfans *gâtés* ſes vers ont le deſtin ;
» Leur pere eſt le ſeul qui les *aime* ».

M. JAME.

Les Verbes *fait*, *reſſent*, *gâtés*, *aime*, ſont des *Tems ſimples*, parce qu'ils n'empruntent point ceux des Verbes *avoir* ou *être*.

Les *Tems compoſés* ſont formés de quelque Tems des Verbes *avoir* ou *être*.

M. Simon s'exprime ainſi ſur la recherche de la vérité :

« La vérité gît dans un trou
» *A dit* le rieur démocrite?
» Mais on ne ſait pas encore où
» La nature *a caché* ſon gîte.
» Si, ſelon un proverbe ancien,
» Dans le vin elle s'*eſt ſauvée*
» Alidor la trouvera bien
» S'il ne l'a pas déjà trouvée ».

Où l'on voit que les Verbes *dit*, *caché*, *ſauvée*, ſont aux Tems compoſés, parce qu'ils ſont précédés des Tems des Verbes *avoir* ou *être*.

Des Verbes irréguliers de la ſeconde Conjugaiſon en ir.

Les *Verbes irréguliers* ſont ceux qui ne ſuivent pas dans leur Conjugaiſon la regle ordinaire des autres Verbes.

Un tableau entier des Verbes irréguliers ſeroit d'une longueur fatigante, celui-ci m'a paru aſſez étendu dans ſa brieveté, pour avoir une idée ſuffiſante de ces ſortes de Verbes.

Bouillir, préſent de l'indicatif *je bous*,

tu bous, *il bout.* Nous bouillons &c. Futur je *bouillerai* ou *bouillirai.* Conditionnel je *bouillerois* ou *bouillirois*, le reſte eſt régulier.

Courir & quelquefois *courre* participe *couru.* Parfait je *courus*, futur je *courrai*; conditionnel je *courrois*; on prononce les deux *rr.*

Acquérir, participe *acquis*, gérondif *acquérant*; indicatif préſent *j'acquiers*, tu *acquiers*, il *acquiert*, nous *acquérons*, vous *acquérez*, ils *acquierent*; parfait *j'acquis*; futur *j'acquerrai*; conditionnel *j'acquerrois* en prononçant les deux *rr.* On ne doit point dire *j'acquérerai*, *j'acquererois*; ce ſont des fautes très-groſſieres.

Conquérir, ne s'emploie qu'à l'infinitif préſent; au participe; *conquis*; gérondif *conquérant*, *ayant conquis*; au parfait je *conquis*; à l'imparfait du ſubjonctif que je *conquiſſe.*

Haïr, indicatif préſent, je *haïs*, *tu haïs*, il *haït*, en prononçant je *hès* tu *hès*, il *hèt.*

Hais à l'impératif eſt auſſi d'une ſyllabe ; prononcés *Hès*. Dans le reſte du verbe *a* & *i* font deux ſyllabes ; comme *haïſſons*, *haïſſez*, *haïſſent* &c.

Vêtir, *dévêtir*, *revêtir*, *ſurvêtir* ; participe *vêtu*, *dévêtu*, &c. Le reſte eſt régulier. Dans *vêtir*, le ſingulier du préſent indicatif, je *vêts*, tu *vêts*, il *vêt*, n'eſt guere en uſage.

Tous ces verbes irréguliers appartiennent à la ſeconde conjugaiſon en *ir*, excepté le Verbe *haïr*, qui ſe conjugue ſur la premiere, ainſi que ceux dont le préſent de l'indicatif ſe termine en *is*, à la premiere perſonne du ſingulier.

Conjuguez comme *ouvrir*, les Verbes *découvrir*, *entr'ouvrir*, *rouvrir*, *recourir*, *offrir*, *méſoffrir*, *ſouffrir*, & les ſuivants qui ont quelques irrégularités.

Cueillir, *accueillir*, *recueillir*, participe *cueilli*, *accuelli*, *recueilli* ; futur je *cueillerai* ; conditionnel je *cueillerois* ; le reſte eſt régulier.

Saillir, pour *s'avancer en dehors*, n'eſt d'uſage qu'à l'infinitif & aux troiſiemes perſonnes. Gérondif *ſaillant*, indicatif préſent il *ſaille*, ils *ſaillent*; imparfait il *ſailloit*, futur il *ſaillera*; conditionnel il *ſailleroit*; ſubjonctif qu'il *ſaille*.

Saillir, pour *s'élancer*, *s'élever en l'air*, *ſortir avec impétuoſité*, n'a que les troiſiemes perſonnes, & il ſe conjugue comme *finir*. On dit : *Les eaux ſailliſſent de tous côtés. Son ſang ſailliſſoit, a ſailli fort loin.*

Aſſaillir & treſſaillir, participe, *aſſailli*, *treſſailli*, futur, j'*aiſſaillirai*, *treſſaillerai*; le reſte eſt régulier. Il convient d'obſerver qu'*aſſaillir* n'a point de ſingulier au préſent de l'indicatif. Les Verbes irréguliers en *oir* ſont :

Choir, qui ne ſe dit guere qu'à l'infinitif & au participe qui eſt, *chu*.

Déchoir, préſent, je *déchois*, tu *déchois*, il *déchoit*. Nous *déchoyons*, vous *déchoyez*, ils *déchoient*, point d'*imparfait*. Parfait, je *déchus*; futur, je *décherrai*;

conditionnel, je *décherrois*. Dans les tems composés il prend le Verbe *être*. *Je ſuis déchu*. Ce Verbe n'a point de gérondif préſent.

Echoir, ſe conjugue comme *déchoir*, indicatif préſent il *échoit*, qu'on prononce quelquefois il *échet*. Ce Verbe ne ſe dit ordinairement que des choſes qui arrivent par ſort ou par cas fortuit.

Seoir, pour *être convenable*, ne s'emploie qu'aux troiſiemes perſonnes, préſent il *ſied*, ils *ſiéent*; imparfait, il *ſéioit*; ils *ſéioient*; futur, il *ſiéra*, ils *ſiéront*; conditionnel, il *ſiéroit*, ils *ſiéroient*; ſubjonctif, qu'il *ſiée*, qu'ils *ſiéent*. Il n'a point de tems composés.

S'aſſeoir, préſent je *m'aſſieds*, tu *t'aſſieds*, il s'*aſſied*, nous nous *aſſeyons*, vous vous *aſſeyez*, il s'*aſſeyent*. Imparfait, je m'*aſſeyois*, tu t'*aſſeyois* &c. Parfait, je m'*aſſis*. Futur, je m'*aſſiérai*, ou je m'*aſſeyerai*. Impératif *aſſieds-toi*, qu'il s'*aſſeye*. Conditionnel préſent, je m'*aſſiérois*, ou je m'*asséyerois.* Imparfait que je m'*assisse*; que tu t'*assisses*, qu'il s'*assît*; point de premiere & seconde personnes du pluriel; qu'ils s'*assissent.*

On dit, qu'*un oiseau s'est allé asseoir sur une branche*, *sur un arbre*, pour dire qu'il s'y est allé percher.

Mouvoir & émouvoir, présent je *meus* &c. Nous *mouvons* vous *mouvez*, ils *meuvent*; imparfait, je *mouvois*; parfait, je *mus*; futur, je *mouvrai*. Impératif *meus*. Subjonctif que je *meuve*, &c. que nous *mouvions*, &c. imparfait du subjonctif que je *musse*. Participe, *mu*; gérondif, *mouvant.*

Savoir, indicatif présent, je *sais* &c. Nous *savons*, vous *savez*, ils *savent*. Parfait je *sus*, tu *sus*, il *sut*; nous *sûmes*, vous *sûtes*, ils *surent*. Futur, je *saurai*, &c. Impératif *sache*, qu'il *sache*; *sachons*, *sachez*, qu'ils *sachent*; subjonctif présent que je *sache* &c. On peut dire: je *ne sache point*, pour je *ne sais point*; je *ne* *ſaurois*, pour je *ne puis* : Dans ces vers, ſur la calomnie, M. *** dit :

Viens donc, implacable ennemie,
Non, je *ne ſaurois* vivre plus long-tems :
Viens m'arracher la vie :
Elle m'eſt un fardeau peſant ;
Peut-être un jour, en me plaignant,
On s'écriera l'ame attendrie ;
Hélas ! il étoit innocent !

Valoir, indicatif préſent, je *vaux*, tu *vaux*, il *vaut*, nous *valons*, vous *valez*, ils *valent*. Parfait je *valus* ; futur, je *vaudrai* ; ſubjonctif que je *vaille*, que tu *vailles*, qu'il *vaille*, que nous *valions*, que vous *valiez*, qu'ils *vaillent*. Imparfait du ſubjonctif que je *valuſſe* &c. Participe *valu* ; gérondif *valant*. Conjuguez de même *équivaloir* & *prévaloir*, mais ce dernier fait au ſubjonctif que je *prévale*.

Les Verbes qui ſe conjuguent ſur le Verbe *plaire*, ſont *déplaire*, *faire*, *défaire*, *refaire*, &c. Voici ceux qui ſont irréguliers :

Braire, ne ſe dit qu'à l'infinitif, & aux

troisiemes personnes du présent & du futur de l'indicatif, il *brait*, ils *braient*; il *braira*, ils *brairont*.

Faire, indicatif présent, je *fais*, tu *fais*, &c. Nous *faisons*, vous *faites*, ils *font*. Parfait je *fis*, &c. Nous *fîmes*, vous *fîtes*, ils *firent*. Futur je *ferai*. Subjonctif que je *fasse*. Imparfait du subjonctif que je *fisse*, que tu *fisses* qu'il *fît*, que nous *fissions* que vous *fissiez* qu'ils *fissent*.

On conjugue de même les Verbes *contrefaire*, *satisfaire* & autres semblables.

Mal-faire, indicatif présent, nous *faisons-mal*, & non pas, *nous mal-faisons*. Ce Verbe n'est guere d'usage qu'à l'infinitif.

Traire, participe *trait*; gérondif *trayant*; indicatif présent je *trais*, tu *trais*, &c. point d'imparfait du subjonctif. Le reste est régulier ou formé de ces tems. On conjugue de même. *Attraire*, *distraire*, *extraire*, *soustraire*, & autres semblables.

Les Verbes de la seconde conjugaison

en *re* & qui font irréguliers, peuvent se réduire à ceux-ci.

Naître, présent, je *nais*, tu *nais*, il *naît*, nous *naissons*, &c. Parfait je *naquis* & conjuguez de même le Verbe *renaître*.

Paître, présent, je *pais*, tu *pais*, il *paît*, nous *paissons*, &c. Je *paissois*. Je *paîtrai*; *paissez*. Que je *paissé*; conditionnel, je *paîtrois*. Gérondif *paissant*. Les autres tems ne sont pas en usage.

Les Verbes de la troisieme conjugaison en *re* sont *lire*, *écrire*, *dédire* & autres semblables. Les irréguliers sont : *Dire* & *redire*. Indicatif je *dis*, tu *dis*, il *dit*, nous *disons*, vous *dites*, vous *redites*, &c.

Les Verbes *dédire*, *contredire*, *interdire*, *médire*, *prédire*, font à la seconde personne du pluriel de l'indicatif, vous *dédisez*, vous *contredisez*, vous *médisez*, &c.

Confire, parfait, je *confis*; imparfait du subjonctif que je *confisse*.

Suffire, parfait, je *suffis*; imparfait du subjonctif que je *suffise*; participe *suffi*.

Lire, *élire* & *relire*, parfait, je *lus*, *élus* & *relus*; imparfait du ſubjonctif, que je *luſſe*, *éluſſe*, *reluſſe*.

Rire, parfait, je *ris* tu *ris*, &c. Nous *rîmes* vous *rîtes* ils *rirent*. Imparfait du ſubjonctif que je *riſſe*. Le Verbe *ſourire* ſe conjugue de la même maniere.

Frire, eſt régulier; mais il n'a que le futur, le conditionnel, les tems composés & la ſeconde perſonne de l'impératif au ſingulier, je *ſrirai*, je *frirois*, j'ai *frit*, j'avois *frit*, &c. Impératif *fris*. L'on ſe ſert de *faire* & de l'infinitif *frire*, pour ſuppléer aux tems qui manquent.

Les Verbes irréguliers en *uire* ſont:

Bruire, point d'autre tems en uſage que l'imparfait à la troiſieme perſonne: il *bruyoit*, ils *bruyoient*.

Luire, *reluire* & *nuire*, participe, *lui*, *relui*, *nui* ſans *t*, ainſi aux tems composés j'ai *nui* j'avois *nui*.

A cette conjugaiſon l'on peut rapporter les Verbes, *boire*, *clore*, *conclure*.

Clorre, *indicatif présent*, je *clos*, tu *clos*, il *clôt*, point de pluriel. Futur je *clorrai*, conditionnel je *clorrois*; il a les tems composés, j'ai *clos*, j'avois *clos*, &c.

Eclorre, indicatif, il *éclôt*, ils *éclosent*; futur il *éclorra*, ils *éclorront*; conditionnel il *éclorroit*, ils *éclorroient*. Subjonctif présent qu'il *éclose*, qu'ils *éclosent*. Les tems composés sont formés avec *être* : il est *éclos*, ils sont *éclos*.

Conclure, *exclure*, indicatif, je *conclus*, *j'exclus*, nous *concluons*, vous *concluez*, nous *excluons*, vous *excluez*, ils *concluent*, ils *excluent*. Imparfait je *concluois*, tu *concluois*, &c. Nous *concluïons*, vous *concluïez*, ils *concluoient*. Participe *conclu*, *exclus*, ce dernier avec une *s*, au masculin; *excluse*, ou *exclue* au feminin.

Les Verbes de la quatrieme conjugaison en *re* a les Verbes en *aindre*, *eindre*, *oindre*, comme *craindre*, *restreindre*, *joindre* qui se conjuguent comme plaindre.

Ceux de la cinquieme conjugaiſon ſont, *prendre*, *vaincre*, *rompre*, *mettre*, *vivre* & autres dont les terminaiſons ſont ſemblables. Voici les irréguliers les moins faciles à conjuguer.

Coudre, indicatif, je *couds*, tu *couds*, il *coud*. Nous *couſons*, vous *couſez*, ils *couſent*. Parfait, je *couſis*, &c. Conjuguez de la même maniere, *recoudre* & *découdre*. Je *découſus*, *couſus*, *recouſus cette robe*, ſont des fautes groſſieres. Il faut dire, je *découſis*, *couſis*, *recouſis cette robe*.

Moudre, indicatif préſent, je *mouds*; tu *mouds*, il *moud*, nous *moulons*, vous *moulez*, ils *moulent*. Parfait, je *moulus*, les autres tems réguliers.

Soudre, n'eſt d'uſage qu'à l'infinitif.

Abſoudre, indicatif, *j'abſous*, tu *abſous*, il *abſout*, nous *abſolvons*, vous *abſolvez*, ils *abſolvent*, imparfait *j'abſolvois*, &c. Point de parfait ſimple. Parfait indéfini, j'ai *abſous*. Futur *j'abſou-*

drai, conditionnel préſent, j'*abſoudrois*; participe *abſous*, *abſoute*, gérondif en *abſolvant*. Conjuguez de même diſſoudre.

Réſoudre, préſent, je *réſous*, tu *réſous*, il *réſout*, nous *réſolvons*, vous *réſolvez*, ils *réſolvent*. Imparfait, je *réſolvois*, &c. Parfait ſimple, je *réſolus*, &c. Futur, je *réſoudrai*. Impératif, *réſous*-toi; *réſolvez*-vous; qu'ils ſe *réſolvent*. Imparfait du ſubjonctif, que je *réſoluſſe*, &c. Participe *réſolu*.

Vivre, préſent, je *vis*, tu *vis*, il *vit*; nous *vivons*, vous *vivez*, ils *vivent*. Parfait, je *vêcus* & non je *vêquis*. Impératif *vis*; qu'il *vive*. Imparfait du ſubjonctif, que je *vêcuſſe*. On conjugue de même *revivre* & *ſurvivre*.

Les Verbes *vaincre* & *convaincre*, ſont réguliers; mais la lettre *c* ſe change en *qu* avant *a*, *e*, *i*, *o*, comme *vainquant* *convinquant*, que je *vainque*, je *vainquis*, nous *vainquons*, nous *convainquons*.

De l'Adverbe.

L'Adverbe eſt une partie indéclinable de l'oraiſon, qui ſe joint avec les Verbes & avec les adjectifs, pour en exprimer les manieres ou les circonſtances. On diviſe ordinairement l'Adverbe, *en Adverbes de lieu*, *en Adverbes de tems*, *en Adverbes de quantité*, & *en Adverbes de maniere. Ici* & *là*, ſont des Adverbes de lieu. *Aujourd'hui*, *demain*, *bientôt*, ſon *des Adverbes de tems. Beaucoup* & *peu*, ſont des Adverbes de *quantité. Doucement* & *fortement*, ſont *des Adverbes de qualité & de maniere.* On trouvera ces différentes ſortes d'Adverbes dans le morceau de poëſie qui ſuit:

» En vous diſant adieu, malgré moi je ſoupire;
» On voit tomber mes pleurs en ce fâcheux moment;
» Je ſens deux paſſions, quoiqu'*inégalement*,
» Regner ſur mon eſprit avec *beaucoup* d'empire.
» Je ne ſaurois penſer au bonheur *où* j'aſpire,
» Sans témoigner l'excès de mon contentement;
» Mais, d'un autre côté, ce triſte éloignement,

» Lorſque je ſonge à vous, fait auſſi que j'expire,
» Pour vaincre mon amour, j'ai *long-tems* combattu,
» Et j'aurois *vainement* employé ma vertu,
» Si Dieu, par ſes bontés, n'eût aidé mes foibleſſes.
» C'eſt lui, qui dans mon cœur vient combattre *aujourd'hui*,
» Votre humeur, vos diſcours, vos ſoins & vos tendreſſes;
» Vous ne voudriez pas l'emporter deſſus lui. »

(Ce Sonnet eſt de Mademoiſelle de Montreuil. Elle l'adreſſa à M. de ***, lorſqu'elle ſe retira dans un Couvent de Religieuſes Urſulines: Dans ce Sonnet l'on voit que les mots *long-tems*, *aujourd'hui* ſont *des Adverbes de tems; où* un *Adverbe de lieu*; *beaucoup* un Adverbe de *quantité*; *inégalement*, *vainement*, *des Adverbes de qualité & de maniere.*

De la Prépoſition.

La *Prépoſition* eſt bien comme l'*Adverbe* un mot indéclinable; mais elle ſe met devant le mot qu'elle régit, aulieu que l'*Adverbe* ne peut régir aucun nom.

Les *Prépositions* qui marquent la place sont *chez*, *dans*, *devant*, *derriere*, *parmi*, *sous*, *sur*, *vers*.

Celles qui marquent l'ordre, sont *avant*, *après*, *entre*, *depuis*.

Celles qui marquent l'union, c'est-à-dire, qui servent à unir & à rapprocher les choses, sont *avec*, *durant*, *outre*, *pendant*, *selon*, *suivant*.

Celles qui marquent la séparation, sont *sans*, *excepté*, *hors*, *hormis*.

Celles qui marquent l'opposition, sont *contre*, *malgré*, *nonobstant*.

Celles qui marquent le but, sont *envers*, *touchant*, *pour*.

Celles qui marquent la spécification, sont *à*, *de* & *en*.

Cette partie du discours est assez bien exprimée dans ce morceau de poësie où M. Lemiere fait le portrait d'*Young*, d'une maniere cependant un peu hasardée.

» Détracteur de la vie, Young, Anglois farouche,
» Noctambule pressé que le Soleil se couche,

» Pour méditer *en* paix, tes funebres tableaux,
» Apôtre de la mort, prêchant *ſur* des tombeaux,
» *A travers* quel nuage ou quel verre infidelle,
» Vois-tu donc les devoirs de la race mortelle?
» Lorſque *Loin* des vivants, tu vis *auprès* des morts;
» Rêveur infortuné, crois-tu veiller? tu dors.
» *Young*, pourquoi, ſemblable à l'orage en furie,
» Viens-tu coucher les fleurs *dans* le champ de la vie.

Où il eſt aiſé de voir que les mots *en*, *ſur*, *à travers*, *loin*, *auprès*, *dans*, ſont des Prépoſitions, parce qu'ils régiſſent les noms qui les ſui ven.

De la Conjonction.

Pour diſtinguer la *Conjonction* de l'Adverbe & de la Prépoſition, il ſuffit de ſavoir que cette partie de l'oraiſon joint les membres du diſcours, ce que ne font pas l'*Adverbe & la Prépoſition.* Ainſi les mots *oui*, *oui-dà*, *point du tout*, *peut-être*, auſſi, &, *ou*, *à la bonne heure*, *mais*, *néanmoins*, *pourtant*, *ſi*, *c'eſt-à-dire*, *comme*, *en effet*, *or*, *à peine*, *cependant*,

dant, *dès que*, *aussi-tôt*, *tandis que*, &c. dans ce portrait de l'amitié par M. ***.

Oui sans l'amitié, ses douceurs
La vie, hélas, est importune !
Que fait le rang *ou* la fortune ?
Ah ! l'on n'est rien que par le cœur.
Que je plains l'être qui s'isole !
Il perd le fruit de ses malheurs.
Desque l'amitié me console
Je jouis *même* de mes pleurs.

Les mots *oui*, *ou*, *desque*, *même*, sont des *conjonctions* parce qu'ils lient plusieurs mots ensemble ; ce qui les distingue de la *Préposition* & de l'*Adverbe* qui peuvent s'entendre dans le discours sans lier les membres d'une phrase.

De l'Interjection.

L'*Interjection* est un mot indéclinable dont on se sert pour exprimer les passions, comme la *douleur*, la *colere*, la *joie*, la *haine*, l'*admiration* : ainsi les mots *ah !* *hélas !* *fi !* *fi donc !* *oh !* sont des Interjections : cette partie du discours est exprimée avec assez d'énergie dans ce quatrain :

Damon, que fais-tu là, rêveur ?
Je m'entretiens avec moi-même !
Ah ! prends garde au péril extrême
De causer avec un flatteur.

DE L'ORTHOGRAPHE.

VOULOIR écrire comme on parle, parlât-on même avec pureté, eſt une aſſertion fauſſe & ridicule, qui cependant trouve encore, aujourd'hui, beaucoup de partiſans. Ne ſait-on pas que dans une langue vivante, l'Orthographe eſt ſujette à des regles toutes différentes de celles de la prononciation ? L'uſage général veut qu'on écrive *paon*, *faon*, *Août*, *Caen*, *Saône*, *à jeun*, *Europe*, &c. cependant on doit prononcer *pan*, *fan*, *oût*, *Can*, *Sône*, *à jun*, *Urope*, &c. on entreprendroit donc envain d'aſſujettir la langue à une prononciation & à une Orthógraphe ſyſtématique, & d'en fonder les regles ſur des principes invariables qui demeuraſſent toujours les mêmes. L'uſage, qui en matiere de langue eſt plus fort que la raiſon, auroit bientôt tranſgreſſé les lois. Il eſt donc vrai de dire qu'on doit ſe conformer non pas à l'uſage qui commence, mais à l'uſage généralement établi.

Dans les regles que nous allons donner pour bien orthographier, nous ne nous appuierons ſur aucune autorité particuliere, qu'elle ne ſoit fondée ſur celle des Quarante : nous ſavons l'eſpece de ſchiſme qu'a cauſé l'orthographe parmi beaucoup d'Auteurs. L'Académie, à qui toute déférence eſt dûe, ſera le juge que nous conſulterons.

DES SIGNES ORTHOGRAPHIQUES.

Des Accents.

Les accents ſont une petite marque qui ſe met ſur une voyelle, ſoit pour en faire connoître la prononciation, ſoit pour diſtinguer le ſens d'un mot, d'avec celui d'un autre mot qui s'écrit de même. Il y a trois accents; l'accent aigu (´) de droite à gauche, l'accent grave (`) de gauche à droite; &

l'accent circonflexe (ˆ) qui prend la forme des deux premiers. Ainſi on met un accent aigu ſur un *é*, pour marquer que c'eſt un *é* fermé, & qu'il doit être prononcé comme dans ces mots, ſant*é*, charit*é*, caf*é*. On met un accent grave ſur un *è*, pour marquer que c'eſt un *è* ouvert, comme dans proc*è*s, ſucc*è*s. On le met auſſi ſur l*à* Adverbe de lieu, pour le diſtinguer de l*a* Article; ſur o*ù* Adverbe de lieu pour le diſtinguer de o*u* Conjonction; enfin on met l'accent grave ſur l'*à* final des mots ſuivants voil*à*, déj*à* & ç*à*, Adverbe tantôt de mouvement, tantôt de repos. On met l'accent circonflexe ſur les ſyllabes longues comme dans ces mots, *â*ge, t*ê*te, g*î*te, côte, fl*û*te. Il convient d'obſerver que l'accent grave ſe met également ſur les *è* ouverts quoiqu'ils ne ſoient point ſuivis d'une *s* finale. Dans le quatrain ſuivant on trouvera les différentes ſortes d'accents.

> Vénus a fait la paix, dit-on,
> Avec Minervè, ſa rivale :

C'eſt fait du pauvre Cupidon ,
Sa mère nuit & jour , lui prêche la morale.

(*In-promptu fait en jouant au Gage-touché pour une jeune Demoiſelle à qui la lecture des ouvrages Philoſophiques avoit fait perdre ſa gaîté naturelle.*)

De l'Apoſtrophe (').

L'apoſtrophe marque la ſuppreſſion d'une voyelle, & ſert de ſéparation entre deux mots ; c'eſt une petite virgule (') qui ſe met au haut de la voyelle ſupprimée, comme dans l'*eſprit*, l'*ame*, j'*adore*, où ſans l'apoſtrophe, il faudroit écrire *le eſprit*, *la ame*, *je adore.*

Nous avons onze Monoſyllabes qui admettent l'apoſtrophe, devant une voyelle & l'*h* non aſpiré (*).

(*) Il y a deux ſortes d'*h*, l'*h* aſpiré & l'*h* non aſpiré. L'*h* aſpiré ſe prononce du goſier, avec effort, comme dans *la haine*, *le hibou*, *le hareng*. L'*h* non aſpiré ſe prononce ſans effort comme dans les mots l'*hommage*, l'*honneur* ; ce dernier eſt ſuſceptible de l'apoſtrophe, toutes les fois qu'il ſe trouve devant une voyelle.

Le, *la* : *l'épervier*, *l'hirondelle.*

Je, *me* : *j'aime* l'étude & je *m'y* livre.

Te, *ce* : je *t'assure* que *c'est* mal.

Se, *de* : *s'enivrer d'orgueil.*

Ne, *que* : il *n'y* a *qu'un* moment.

Les mots *lorsque*, *quoique*, *puisque*, *jusque*, prennent l'apostrophe comme dans ces mots ; *lorsqu'il viendra*, *quoiqu'on en dise*, *puisqu'elle est arrivée*, *jusqu'à présent.*

Si ne reçoit l'apostrophe que devant *il* & *ils* ; *s'il vient*, *s'ils viennent*, *nous les arrangerons.* — *Ma foi* s'il *m'en souvient*, *il ne m'en souvient guère.* On observera que si la construction avec le mot qui suit, est rare, il vaut mieux ne pas effacer l'*e* muet par l'apostrophe, & écrire : *lorsque Alexandre vainquit Porus* ; *puisque aider les malheureux est un bonheur* ; *quoique épris des charmes de la vertu.*

Ecrivez *entr'acte*, *presqu'île*, *entr'eux*, *entr'elles.* Mais conservez l'*e* muet dans *presque égal* ; *presque entier.*

Grande abandonne l'*e* muet dans les constructions suivantes : *il a grand'peur*, *il fait grand'chère*, *à grand'peine*, *une grand'messe*, *la grand'chambre*, *il n'a pas grand'chose*, *grand'mère*, *la grand'rue*, *il est à la grand'salle*, *il me fait grand'-pitié.*

De la cédille (̧).

Petite marque en forme de *c* tourné de droite à gauche qu'on met sous la lettre *c*, quand elle précéde un *a*, un *o*, ou un *u*, pour faire qu'on la prononce comme *s*. Petit *garçon*, venez *çà*; avez-vous *reçu* les bonbons que maman vous avoit promis?

L'articulation du *c* devant l'*e* & l'*i*, étant douce par elle-même, la cédille seroit une faute, par son inutilité. Ainsi écrivez sans cédille *célibat cicatrice*, & autres mots semblables.

Du Trema (¨) *ou voyelles qui portent deux points en tête.*

Le trema se dit d'une voyelle accentuée

de deux points qui avertiſſent que cette voyelle forme ſeule une ſyllabe & ne doit pas s'unir avec une autre. Ces deux points ne ſe mettent que ſur trois voyelles, *ë*, *ï*, *ü* comme dans les mots ſuivants poëte, ïambe, naïf, Saül, ciguë.

Trait de Séparation (–).

Lorſque, dans un récit, on amene un Dialogue, & que, par élégance, on ſupprime les *dit-il*, *reprit-il*, le trait de ſéparation en tient lieu, & annonce le changement d'Interlocuteur, exemple :

Mariez-vous : — j'aime à vivre garçon ;
J'aurois pourtant un parti : — Dieu m'en garde.
Tout doux : peut-être il vous plaira ; — chanſon.
Quinze ans ! — tant pis : fille d'eſprit ; — bavarde.
Sage ; — grimace ; & belle : — autre danger.
Grand nom ; — orgueil : le cœur tendre : — jalouſe.
Des talents ; — trop pour me faire enrager.
Et par de-là, cent mille écus : — j'épouſe.

Le Mariage à la mode par M * * *.

Le trait de ſéparation s'emploie auſſi dans la proſe, exemple :

Deux amis, qui depuis long-tems ne s'étoient vus, se rencontrerent par hasard. Comment te portes-tu? dit l'un, pas trop bien, dit l'autre, & je me suis marié depuis que je t'ai vu. — bonne nouvelle! — pas tout-à-fait, car j'ai épousé une méchante femme. — Tant pis! — pas trop tant pis, car sa dot étoit de deux mille louis. — eh bien, cela console. — Pas absolument, car j'ai employé cette somme en moutons, qui sont tous morts de la clavelée. — C'est en vérité bien fâcheux! — pas si fâcheux, car la vente de leurs peaux m'a rapporté au-delà du prix des moutons. — En ce cas te voilà donc indemnisé? — pas tout-à-fait; car ma maison où j'avois déposé mon argent, vient d'être consumée par les flâmes. — Oh! voilà un grand malheur. — Pas si grand non plus, car ma femme & la maison ont brûlé ensemble.

Guillemets (»).

Coupe-t-on le récit par un discours? on

marque par des guillemets le premier mot & le commencement de chaque ligne.

L'exemple suivant est tiré de Mademoiselle de Gaudin :

Adélaïde un soir dans un cercle nombreux,
Où de l'indifférence elle plaidoit la cause,
S'exprimoit en ces mots. « Heureux! cent fois heureux,
» Celui qui de l'amour ne ressent point les feux!
» Pour lui dans tous les tems la nature est riante;
» Il sait jouir de tout : une ame indifférente
» A peu de frais peut goûter le bonheur;
» Le vol d'un papillon, le parfum d'une fleur,
» Tout l'intéresse, tout l'enchante...
» Loin de l'objet aimé, rien ne plaît à l'amant.
» Sombre, distrait, rêveur, impatient,
» S'il veut parler, sa langue s'embarrasse :
» Il entend sans comprendre, & regarde sans voir.
» L'espérance l'enflamme, & la crainte le glace;
» Le plus léger soupçon le met au désespoir.
» S'il dort, la triste jalousie
» Vient troubler son repos par un songe fatal,
» Qui lui fait voir un amant, un rival,
» Aux pieds de son ingrate amie :
» Il en frémit, il s'éveille indigné,
» Et croit sans cesse entendre une voix qui lui crie :

» Eſt-il vrai que tu ſois aimé ?
» Ce doute affreux empoiſonne ſa vie.
» Je le répéte encor : heureux ! cent fois heureux,
» Celui qui de l'amour ne reſſent pas les feux » !

Parenthèſe ( ).

Ce ſigne orthographique ne ſe met guere aujourd'hui, que dans les interpoſitions qui interrompent, qui coupent le ſens, pour y répandre un plus grand jour : exemples ; *que peuvent contre lui (contre Dieu) tous les Rois de la terre ? Racine.*

Il (l'incrédule) porte dans ſon cœur le juge qui le condamne.

YOUNG.

Un Seigneur fort riche fit, dans ſon teſtament, des legs à tous ſes Officiers ; (*nous dirons cependant qu'il en excepta ſon Intendant.*) » Je ne lui donne rien, dit-il, parce qu'il me ſert depuis plus de vingt ans. »

Des Lettres Capitales ou *Majuſcules.*

Les lettres majuſcules ſe mettent au commencement des noms propres d'*Homme*, de *Lieu*, de *Bourg*, de *Ville*, de *Village*; d'*Ange*, de *Dignité*, de *Fête*, de *Royaume*, de *Province*, de *Riviere*, de chaque *Vers*, & de chaque *Phrase*.

Il faut observer qu'on ne doit pas mettre une lettre majuscule à un adjectif, sans en donner une à son substantif auquel il s'accorde : ainsi il ne faudroit pas écrire la *foi Catholique* avec une petite *f* & un grand *C*. Quelquefois on personifie les êtres moraux; & alors ils suivent la regle des noms d'homme. *Envie* prend une majuscule dans ces vers de la Henriade :

Là gît la sombre *Envie* à l'œil timide & louche,
Versant sur des lauriers les poisons de sa bouche.

DES LETTRES.

De la lettre A.

Les composés de cette lettre ont été pendant loms-tems susceptibles de beaucoup des changements. L'Académie en a fixé aujourd'hui l'orthographe.

Quoique plusieurs personnes veuillent écrire encor à présent *Anglais*, *Français*, si elles vouloient recourir à l'étymologie, elles abandonneroient bientôt cette maniere d'orthographier. On doit donc écrire *Anglois*, *François*; il *avoit*, il *promenoit*, il *jouoit*; & non *il avait*, *il promenait*, *il jouait*. Mais dira-t-on? chacun ne peut pas connoître l'étymologie des mots. Nous répondons qu'il faut alors avoir recours à l'usage généralement établi, & non à celui qui commence. (Voyez page 83) si l'esprit de néographisme (*) doit céder à l'étymologie & à la raison, pourquoi seroit-il préférable à l'usage universellement reçu?

Liste des mots où le doublement, après la lettre A, *doit avoir lieu.*

Accéder.	Accélérer.	Accepter.
Accident.	Acclamation.	Accommoder.

(*) Nouvelle Orthographe contraire à l'usage reçu, & aux regles de la Grammaire.

Accroire.	Accroître.	Accumuler.
Accourir.	Accuſer.	Affâble.
Affecter.	Affection.	Afficher.
Affilier.	Affirmer.	Affliger.
Affluer.	Aggraver.	Aggréger.
Aggreſſeur.	Allouer.	Alléguer.
Alléger.	Allécher.	Allier.
Alluſion.	Annexer.	Annihiler.
Annoter.	Annoncer.	Apprêter.
Apparoître.	Appeller.	L'Académie. écrit *Appeler.*
Apprendre.	Appendice.	Appétit.
Applaudir.	Appliquer.	Appoſer.
Apporter.	Apprécier.	Appréhender.
Approuver.	Approcher.	Approxima-tion.
Arroger.	Attenter.	Atténuer.
Atteſter.	Atteindre.	Attirer.
Attribuer.		

L'Académie néglige le doublement dans les mots *agréger*, *agrégation*, *agreſſeur*, *agreſſion*, *abréger*, *abreviateur*, *abrévia-*

tion. On peut ſuivre cette maniere d'écrire ſans inconvenient.

Liſte des mots où le doublement n'eſt point exigé par l'Académie.

Abaiſſer.	Abâtardir.	Abatre.
Abatement.	Abatures.	Abatis.
Aboner.	Abonir.	Aborder.
Aborner.	Aboucher.	Aboutir.
Abreuver.	Abrutir.	Adoner.
Adoſſer.	Adoucir.	Adreſſer.
Adroit.	Agrandir.	Agréer.
Agriſer.	Aguerrir.	Aligner.
Aloi.	Alonger.	Alourdir.
Amatir.	Amaigrir.	Amener.
Amenuiſer.	Ameublir.	Amincir.
Amoindrir.	Amolir, *ou* Amollir.	
Amortir.	Anéantir.	Anoblir.
Anuiter.	Apaiſer.	Apercevoir.
Apetiſſer.	Aplanir.	Aplatir.
Apoſter.	Apoſtiller.	Apurer.

D'après les exemples précédents, on pourroit négliger le doublement dans les mots

mots ſuivants : cependant il vaut mieux ne pas l'abandonner. *Ainſi écrivez :*

Accoupler.	Accourir.	Accréditer.
Accrocher.	Accroupir.	Acculer.
Affadir.	Affaire.	Affamer.
Affermer.	Affermir.	Affiler.
Affiner.	Affoiblir.	Affoler.
Affourcher.	Affranchir.	Affréter.
Affriander.	Affronter.	Affuter.
Allaiter.	Allumer.	Annuler.
Appareiller.	Apparenter.	Apparier.
Appauvrir.	Appeſantir.	Appointer.
Apprendre.	Apprivoiſer.	Approfondir.
Approprier.	Approviſionner.	Arranger.
Arriver.	Arrondir.	Attabler.
Attendrir.	Atterrer.	Attiédir.
Attriſter.	Attrouper.	

De la lettre B.

Dans quelques provinces & dans la Gaſcogne, ſur-tout, on confond le *b* avec le *vé* ou *v* consonne. Ainsi pour dire, *Valence*, *vin*, *boire*, les uns disent *Balance*, *bin*, *voire*. Il ne seroit pas étonnant d'entendre dire à un Gascon, ou à un Habitant du Velay : *allons à Balance*, *pour y voire du von bain* : pour dire : *allons à Valence pour y boire du bon vin*.

On doit écrire par *b*, *abcès*, *obstacle*, *substance*, *substituer*, *subterfuge*, quoique le *p* s'y fasse entendre. Le mot plom*b* doit être terminé par un *b*.

De la lettre C.

Le *c* devant *a*, *o*, *u*, emprunte le son du *k*. Mais lorsque devant les mêmes voyelles on veut lui donner le son d'*s*, alors on met dessous une queue que l'on nomme cédille. (Voyez page

On confond très-souvent la lettre *c* avec les lettres *ti*, mais pour faire la différence de ces deux manieres d'écrire, il faut avoir recours au simple du mot : ainsi pour savoir si le *c* doit être préféré à *ti* dans les mots ſuivants audac*i*eux, déli-*c*ieux, négo*c*iant, audien*c*ieux, licen*c*ieux & autres ſemblables; recourez à leurs ſimples qui ſont *audace*, *délices*, *négoce*, *audience*, *licence* : par cette maniere de procéder, vous ſerez ſûr de ne pas en altérer l'orthographe. Exceptez de cette règle *pénitentiaux*, & *pénitentiels*, à cauſe de l'étymologie qui demande le *t* à la quatrieme ſyllabe.

Cette lettre s'écrit & ne ſe prononce pas dans les mots ſuivants :

Almanach,
Cotignac,
Eſtomac,
Tabac,
Lacs de *ſoie*,
Marc *d'or*,
Broc *de vin*,

Elle a preſque le ſon de *g* dans

Cicogne,
Claude,

Claudine,
Nécromancie,
Second,
Secret & dans leurs dérivés.

Les mots ſuivants ont la prononciation douce.

Achéron,
Chérubin,
Ezéchias,
Ezéchiel,
Joachim,
Mardochée,
Pſyché,
Zachée.

Ecrivez *Archiépiſcopat*, *Michel-Ange*; & prononcez *Arkiepiſcopat Mikel-Ange.*

De la lettre D.

Cette lettre ſe met à la fin des mots *pied*, *grand*, *froid*, *courtaud*, *Crapaud*, *échafaud* : elle ſe conſerve & ſe prononce dans les noms propres, *Galaad*, *Lamed*, *David*, *Nemrod*, *Abiud.* Mais elle ne ſe prononce pas dans *Laid*, *grand*, *chaud*, *nid* & autres ſemblables.

Le *d* prend le ſon du *t* devant les

voyelles & l'*h* non aspiré : ainsi prononcez *gran-t-homme*, *de pié-t-en cap*, un *froi-t-extrême* ; & écrivez : *grand homme*, *froid extrême*, &c. Prononcez *répond-il*, comme *dit-il*, *blé*, *nu*, *cru* sans *d*. n'écrivez point, comme M. Leroi, un *rameau verd*, mais un *rameau vert*.

De la lettre E.

On confond souvent les mots qui doivent commencer par *an*, *am*, avec ceux qui commencent par *en*, *em*. Voici quelques regles pour en connoître l'orthographe.

1°. Toutes les fois que le mot qu

écrit, ne pourra pas se décompose

commencera par *an* ; tels sont

Angleterre, *Androgyne*,

cien, *angoisses*, *ange*

tueux, *angle*, & au

ceptez de cette re ns

encenser, *envo*

labe comme

mais il a é toiqui ne peuvent ſe décompoſer, la premiere lettre de la ſeconde ſyllabe commençât par un B, une *m*, ou un *p*, alors il faudroit les écrire par *am*; tels ſont, par exemple, les mots *amphibie*, *ambulant*, *ambaſſade*, *ambitieux*, *ambre*, *ambigu* & autres ſemblables.

2°. Tous ceux qui pourront ſe décompoſer, commenceront par *en*; tels ſont les mots *enraciner*, *entretuer*, *entretenir*, &c. dont les ſimples ſont racine, *tuer*, *tenir*, &c. s'il arrivoit également que la premiere lettre de la ſeconde ſyllabe commençat par un B, une *m*, ou un *p*, alors on écriroit le mot par *em*, tels ſont ceux-ci: *embaucher*, *empailler*, *embaumer*, *embeguiner*, *embélir*, *embrocher*, *embaras*, *embâter*, *empêcher*, &c. Mais ce qui eſt plus difficile à diſtinguer, ce ſont nos terminaiſons par *ant*, *ent*.

Regle pour les noms qui doivent ſe terminer par ant.

En général on terminera par *ant* les noms

dont on trouvera les Verbes. Ainſi écrivez ſuffocant, commençant, négociant, convincant, fabricant, perçant, &c. par *ant*; parce que leurs Verbes ſont *ſuffoquer*, *commencer*, *négocier*, *convaincre*. *fabriquer*, *percer*. Exceptez de cette regle les mots précéd*ent*, réſid*ent*, & quelques autres dont la terminaiſon eſt par *ent*.

Regle pour les mots qui doivent ſe terminer par ent.

Terminez par *ent* les noms adoleſc*ent*, ard*ent*, déc*ent*, indéc*ent*, innoc*ent*, réc*ent*, prud*ent*, imprud*ent*, évid*ent*, & tous ceux dont vous ne pourrez former un Verbe. En effet, les mots *adoleſcent*, *décent*, *indécent*, & ceux qui ſuivent, n'ont point de Verbe.

De la lettre F.

Si cette conſonne eſt doublée & qu'elle ſoit précédée d'un *é* fermé ne mettez point d'accent ſur cet *e*. Ainſi écrivez effacer, effet, effectuer, &c. ſans accent aigu.

Si le même *é* fermé étoit ſuivi d'un *x*, on ſupprimeroit également l'accent aigu, comme dans les mots ſuivants; *examen*, *exiger*, *exemple*, l'*x* étant une lettre double.

Retranchez le *f* du mot *apprenti* dont le feminin eſt *apprentie*. Supprimez-le auſſi dans le mot *Bailli*; & conſervez le dans *Clef* en prononçant *Clé*.

F eſt nul dans *Cerf*, *Cerf-volant*, & ſonore dans *ſerf* eſclave.

Quoique cette lettre ſe prononce dans *bœuf*, *œuf*, *neuf* & *nerf*, elle ne ſonne point au pluriel: des *bœuſs*, des *œus*, des *habit neus*, des *ners agacés*.

On dit encore du *bœu ſalé*, un *œu dur*, *neu perſonnes*, un *ner de bœuf*.

L'articulation embaraſſeroit ſa lecture.

De la lettre G.

G devant *e*, *i*, *y*, emprunte le ſon de l'*j* conſonne. Mais pour l'adoucir avant *a*, *o*, *u*, on met l'*e* muet comme dans les mots il *nagea*, *geolier*, *gageure*, nous *mangeons*, je *nageois*, &c. L'on prononce *gajure*, . *jolier*, nous *manjons*, *il naja*. Ecrivez *ſecond*, *ſecret*; prononcez *ſegond*, *ſegret*. (*)

Cette lettre ne ſonne point dans *Legs*, *ſang-ſue*, *ſignifier*, *ſauxbourg*; elle approche du ſon du *k* dans *bourg*. *Gn* a le ſon ferme dans *Gnome*, *gnoſtique*, *progné*. Elle eſt articulée dans *Guiſe*, nom propre & dans *aiguille*. Elle ne ſe prononce pas dans *Guiſe* maniere, ni dans *anguille*. Mais elle ſonne dans *aiguiſer*, *aiguillon*.

Cette lettre conſerve ſon articulation forte avant la lettre H, ſoit au commencement, ſoit au milieu des mots; *ghisleri*, *malpighi*.

(*) N'imitez pas cependant nos petits Maîtres qui prononcent mon *geval*, mes *gevaux*, pour mon *cheval*, mes *chevaux*. Ce langage reſpire la molleſſe.

A la fin des mots le *G* ſe prononce dans les noms propres, *Agag*, *Doëg*, *Magog*, *Sarug*. Dans les mots communs & d'un fréquent uſage, on ne le prononce pas; *rang*, *ſang*, *étang*, *long* ſe prononcent ſans *g*: Si cependant ces mots *ſang*, *rang*, *long*, ſe trouvoient ſuivis d'une voyelle ou d'une *h* non aſpiré, on y prononceroit le *g* comme ſi c'étoit un *k*; prononcez: *un ſan-k-épais*, *un ran-k-élevé*; *un lon-k-hiver*; & écrivez un *ſang épais*, un *rang élevé*, un *long hiver*.

On écrit *oignon* & l'on prononce *ognon* en mouillant *gn*.

On doit écrire & prononcer *châtaigne* & non *châtagne*.

De la lettre H.

Nous avons dit qu'on diſtinguoit deux ſortes d'*h* (*voyez page*).

*Liſte des mots les plus uſités ou l'*h *eſt aſpiré.*

Ha! *Interjection*. Habler. Hableur.

Hache.	Hagard.	Haie.
Haillon.	Haine.	Hâle.
Halle.	Hâler.	Haller.
Hallebarde.	Haleter.	Halte.
Hameau.	Hampe.	Hanche.
Hanneton.	Hanſe.	Hanter.
Happer.	Haquenée.	Haquet.
Harangue.	Haras.	Harceler.
Hardes.	Hardi.	Hareng.
Hargneux.	Haricot.	Harpie.

Harnois. Prononcez *harnais*.

Harpe. Harpon.

Haſard. Mieux que *hazard*.

Hâte.	Hauſſe-col.	Haut.
Haubois.	Haute-contre.	Havre.

Havre-ſac.

Hé! } *Interjections.*
Hem }

Hennir. Prononcez *hannir*.

Henri; n'aſpirez point *h* dans la converſation.

Heraut. D'armes.

Hère.	Hériſſer.	Hériſſon.

Hernie.

Héros. Dites cependant L'*héroïne* mousquetaire. L'*héroïque* valeur. Mais conservez toujours l'haspiration dans *héros*.

Herse.	Heurter.	Hibou.
Hideux.	Hie.	Hiérarchie.
Hobéreau.	Hochet.	

Holà avec l'accent grave.

Hollande.

Hongre. Cheval hongre.

Hongrie.

Honni, *honni soit qui mal y pense.*

Honte.	Hoquet.	Hoqueton.
Horde.	Horion.	Hormis.
Hors.	Hotte.	Houe.
Houlete.	Houppe.	Houspiller.
Housse.	Houssine.	Huguenot.
Hurler.	Hussar,	Houssard,

Housard, tous les trois se disent.

L'h est aussi aspiré dans *chat-huant ; enhardir enharnacher.*

Au reste, les personnes qui voudront connoître tous les mots où *h* s'aspire, conſulteront le Dictionnaire de M. *Reſtaud.* Nous avons rapporté ici ceux en faveur deſquels on a négligé l'oreille.

Ecrivez auſſi avec un *h* les mots *chrême* (le Saint Chrême) *Choriſte*, *Chœur*, *Anachorete*, *Théologien*, *Rhetoricien*, *Thon*, *Themis* & autres ſemblables.

On écrit auſſi avec *ph* les mots *Philoſophe*, *Philoſophie*, *Phoſphore*, *Phénomene*, *Phénix*, *Phœbus*, *Pharaon*, *Phaiſan*, *Phalange*, *Phariſien*, *Saphir*, *Pharamon*, & quelques autres.

Ecrivez *Phthiſie* & non pas *Phtiſie*, comme Richelet le preſcrit.

De la lettre I.

Nous en parlerons à la remarque de la lettre *Y*.

De la Lettre J.

L'*J* conſonne, au milieu des mots, ne ſe double jamais.

Cette conſonne a la même articulation que le *G* devant les voyelles *E*, *I* : on prononce *Jesus* & *Gédéon* sans aucune différence. Mais l'etymologie de ces mots veut que l'un soit écrit par *J* consonne, & l'autre par G.

On doit écrire aussi avec l'*J* consonne les mots *Jérémiade*, *Jerusalem*, *Jet*, *Jeter*, *Jeûne*, *Jeux floraux*, *Jeux Olympiques*, *Jeux Pythiens.*

De la lettre K.

Ecrivez avec le *K* les mots *Kermès*, *Stokolm*, *Yorck*, *Kirie*, *Kystotome.*

De la lettre L.

La lettre *L* se met à la fin de ces mots, quoiqu'elle ne s'y fasse pas entendre : *Fusil*, *outil*, (*soul* ivre) aulieu de *saoul.*

Cette consonne ne sonne point aussi dans les mots *Baril*, *Persil*, *Sourcil*, *Gentil.*

Elle double dans les mots Pupille, *Imbécille*, *Tranquille*, *Ville*, *Mille*, *Installer*, *Allumer*, *Mesalliance*, & quelques autres.

On n'écrit plus *un Sol*, *deux Sols* ; mais *un Sou*, *deux Sous.*

Mol n'eſt plus uſiſté; on écrit *Mou. Fol* retient *L* ſeulement devant un ſubſtantif qui commence par une voyelle : *un fol amour*. Partout ailleurs écrivez & prononcez *fou : c'eſt un fou. Les fous ſont en grand nombre.*

L'Académie écrit *cul*; elle ſupprime *l* dans les composés *cu-levé*, *cu-bas*. On mouille cette lettre dans *Gentilhomme*; & au pluriel, on prononce *Gentilzommes*. Mouillez les deux *L* dans *Sully*.

De la Lettre M.

C'eſt une regle générale, qu'avant le B, le P, & l'*M* on mette toujours l'*M*. Ecrivez *embonpoint*, *emphaſe*, *emmaigrir*, *emmanché*, *emmariner*, *s'emmarquiſer*, *emmiéler*, *emmeubler*, *empêcher*, *damner*, *condamnable*, *Grammaire*, *ſolemuel*: ces quatre derniers ſe prononcent comme s'il y avoit *daner*, *condanable*, *Gramaire*, *ſolanel*. Ecrivez *femme*; & prononcez *fáme*. Quelques-uns écrivent *flâme*; l'Académie écrit *flamme* avec deux *M* à cause de l'étymologie.

De la lettre N.

Cette consonne ne double point dans *courone*, *persone*. On peut écrire *ennoblir*, *ennuiter* & prononcer *anoblir*, *annuiter*; mais on conserve le son nasal dans *ennui*.

Ecrivez *honneur* avec deux *n*; & *honorable* avec une seule, l'articulation étant différente de l'écriture.

De la lettre O.

Cette voyelle entre dans les mots *Saône*, *Paon*, *Faon*, *Août* & l'on prononce *Sône*, *Pan*, *Fan*, *oût*.

N'imitez point cet Auteur du Poëme de Carthouche qui écrit:

Lorsque pour certain vol,
Mon malheureux papa fut pendu par son *col*.

Mais écrivez comme M. *Barthe* de Marseille, *Cou*. On ne sera peut-être pas fâché de trouver ici sa jolie Epître sur le *Cou* qu'il adresse à une jeune Provençale:

Ah!

Ah, le vôtre, ſans le flatter,
N'a pas beſoin, pour enchanter,
De diamans, de pierreries;
A d'autres je ferois porter
Ces bagatelles ſi chéries;
J'aimerois mieux vous les ôter.
Oui, votre *Cou* que j'idolâtre,
Me pourſuit partout dans Paris;
Je le trouve même au théâtre
Où tant de *Cous* ſont réunis,
On en voit là de tout pays,
Et de tout rang, & de tout âge:
Cou voilé de prude ſauvage,
Cou de coquette bien paré,
Cou de Marquiſe pétillantè,
Cou de Financiere brillante,
Cou d'Actrice peu révéré,
Cou penché d'aimable indolente,
Cou rengorgé de Préſidente,
Cou de jeune épouſe adorée;
Tous ces *Cous*, me dis-je à moi-même,
Ne valent pas celui que j'aime, &c.

Un Col court, *un Col tort* ſont reçus dans le langage ordinaire.

On écrit par *l* ſonore *Col* terme de toilette : *le Col d'une chemiſe* , *un Col de baſin* , *un Col de mouſſeline* , *le Col d'un rabat.*

De la Lettre P.

Cette conſonne s'éclipſe dans *compte* , *compter* , *exempt* , *ſept* , *ſeptieme ;* mais elle ſe fait ſentir dans *Rédempteur* , *Rédemption* , *Cap* , *Cep* , *Sep* , & *Gap* nom de Ville.

Ecrivez *temps* ou *tems* , *Baptême* , *Baptiſtère* , *Baptiſer ;* mais ne faites pas ſentir le *p* dans les trois derniers.

Quoique vous écriviez *beaucoup* , *trop* , prononcez *beaucou* , *tro* , à moins que l'un & l'autre ne ſoient ſuivis d'une voyelle : en ce cas vous direz : il eſt *beaucou-paimé* , *tro-paimé.*

Le *P* ſonne dans *Baptiſmal* , *Pſeaume* , *Pſeautier* , *Pſalmiſte.*

Quelques Auteurs écrivent *ptiſane* : mais d'après l'Académie , l'on doit écrire *tiſane.*

De la Lettre Q.

Cette lettre doit toujours être ſuivie d'un *u* voyelle, lorſqu'elle n'eſt pas finale, comme dans ces mots, *quelque*, *quiconque*.

ECRIVEZ:

Aquatique,	*Quadrageſime*,
Equateur,	*Quadrature*,
Equation,	*Quadrupède*,
In-quarto,	*Quadruple*, &c.
Quadragénaire.	

PRONONCEZ:

Acouatique,	*Couadrageſime*,
Ecouateur,	*Couadrature*,
Ecouation,	*Couadrupède*,
In-couarto,	*Coadruple*, &c.
Couadragénaire.	

Le *q* final ne ſe trouve que dans *cinq* & *coq*; on doit toujours le faire ſentir dans ce dernier. Mais dans *cinq* il ne ſe prononce que lorſqu'il eſt ſuivi d'une voyelle ou d'un *h* non aſpiré, comme dans *cinq hommes*, *cinq arbres* ; & l'on prononce comme s'il y avoit *cin-ghommes* , *cin-qarbres.* Cette lettre , quoique ſuivie d'une conſonne, ſe fait ſentir dans *cinq pour cent* , & dans *un cinq de chiffre.*

La lettre *q* ſe prononce comme *cu* dans les mots ſuivants :

Equeſtre ,
Liquéfaction ,
A quia ,
Quinquagénaire ,
Quinquagéſime.
Quinquennium ,
Quintuple ,
Quirinal , & autres ſemblables.

Ecrivez *piqûre* d'après le ſentiment de l'Académie.

De la lettre R.

Cette lettre eſt ſonore dans *cuiller*, & nulle dans la premiere ſyllabe du mot *Mercredi.*

Lorſque cette conſonne termine l'infinitif d'un Verbe , ne la faites pas ſentir à moins qu'elle ne ſoit ſuivie d'une voyelle : ainſi , ſi vous écrivez : *aimer Dieu* , *aimer le prochain* ; prononcez comme s'il y avoit *aimé Dieu*, *aimé le prochain.*

Le Gapençois & le Briançonnois tombent fréquemment dans cette erreur.

On double l'*r* dans *enclorre* & *clorre*, on ne le fait pas dans *éclorre* : la raison est, que l'étymologie mérite d'être préférée, sur-tout lorsqu'elle ne contredit point la prononciation : mais lorsque la prononciation même s'écarte de l'étymologie, elle sollicite & exige la préférence, qui en effet, est souvent accordée par l'Académie.

De la lettre S.

Voici quelques regles qui indiqueront dans quels mots cette lettre doit être mise à la place du *C.*

1°. Dans les mots composés des particules *a*, *dé*, *pré*, *ré* ou *re* on double *s*, pour lui donner le son fort quoiqu'on en prononce qu'une seule : ainsi on écrit *asservir*, *associer*, *dessaisir*, *dessaler*, *dessé-*

cher, *preſſentir*, *reſſentir*, *reſſerrer*, *reſ-ſouvenir*, *reſſuſciter*.

2°. On doit la conſerver dans les mots *Diſciple*, *adoleſcence*, *deſcendre*, *con-deſcendance*, *convaleſcence* & quelques autres.

3°. Cette lettre ſe met à la ſeconde perſonne des Verbes au ſingulier comme dans ceux-ci : tu aime*s*, tu joue*s*, tu promene*s*.

4°. C'eſt une regle générale que l'*s* entre deux voyelles emprunte le ſon du *z* comme dans ces mots *phaſe*, *chaiſe*, *miſere*, *analyſe*, &c.

On excepte de cette regle les mots *préſeance*, *préſuppoſition*, *vraiſemblance*, &c.

5°. La lettre *s* eſt ordinairement dans les noms la caractériſtique du pluriel ; & l'on doit toujours la mettre quoiqu'elle ne s'y faſſe pas entendre. Voyez le nombre (page 7).

De la lettre T.

Le *t* au milieu des mots ſe confond ſouvent avec le *c*. On le mettra à la place de ce dernier, toutes les fois que le ſimple du mot composé qu'on veut écrire ne renfermera pas la lettre *c*. Ainſi écrivez *ambition*, *ambitieux*, *diocletien*, *domitien*, avec *ti* à la place du *c*.

On écrit cepandant avec *ti* les mots *eſſentiel*, *pénitentiaux* quoique leurs ſimples ſoient *eſſence pénitence*.

C'eſt une regle générale que cette conſonne ainſi que toutes les autres, ne doublent jamais entre une voyelle & une conſonne. Ainſi écrivez *perſécution*, *perſécuter*, *anſe* avec une ſeule *s*, comme vous écririez avec un ſeul *T* *rentrer*, *entrevoir*, *tentation*, &c.

C'eſt également une regle générale que les troiſiemes perſonnes du pluriel des Verbes ſe terminent par un *T* comme ils aimen*t*, ils jouen*t*, ils promenen*t*, &c.

De la lettre U.

Ecrivez avec *u* quinze & prononcez

kinze. Prononcez avec un ſon mixte *Europe*, *Euridice*, *Eunuque*, *Euphrate*, *Euchariſtie.*

De la lettre V.

Nous remarquerons que cet *V* ce double quelquefois dans des noms Allemands, Flamands, Anglois ou autres pays du Nord; & ce double W tient de l'*V* conſonne & de la Diphthongue *ou* comme on le ſent dans *Waaſt*, *Weſtminſter*, *Weſtphalie*, *Wibourg*, *Worcheſter*, *Wurtzbourg :* Mais au milieu des mots l'articulation de l'*v* prévaut comme dans *Barwik*, *Hedwige*; au contraire, à la fin on préfére le ſon de l'*u* voyelle dans *Landaw*, *Briſgaw*, *Czernikow*, &c.

De la lettre X.

Son articulation varie beaucoup, parce qu'elle tient du *c* & du *g*, de l'*s* & du *z*.

Ainſi elle ſe prononce comme *cs* dans les mots *Xantippe*, *Xercès*, *Alexandre*, *axe*, *ſexe*, *maxime*, *ſtyx*, *taxe.*

Dans les noms ſuivants, *Xavier*, *Ximenès* elle prend l'articulation du *gz*. La même articulation a lieu dans les mots *examen*, *exil*, *exaucer*, *exhorter*, *exhumer*, exemple. On écrit *Aix* & l'on prononce *Ais*. Ecrivez auſſi par *x* *Auxerre*, *Auxerrois*, *Auxone*, *Bruxelles*, ſoixante & prononcez *Auſſerre*, *Auſſerrois*, *Auſſone*, *Bruſſeles*, *ſoiſſante*.

De la lettre Y.

Cette lettre doit ſe mettre à la place des deux *ii* voyelles dans les mots ſuivants, *Payſan*, *moyen*, *Payſanne*, *eſſayer*, *étayer* & autres ſemblables.

Cette lettre ſe met également à la place de l'*i* voyelle. Dans les mots *tympanon*; *dyſſenterie*, *acolyte*, *Myrthe*, *hypocrite*, *hymne*, *ſymphonie*, *criſtal*, *ſycomore*, *Synagogue*.

De la lettre Z.

Le *Z* ſe fait ſentir à la fin des noms

propres de perſonnes ou de lieux ; & alors, il rend longue & ouverte la voyelle qui le précéde : *Phaz*, *eliphaz*, *cenez*, *aſcenez*, *Booz*, *Ruz*. On le prononce dans *fez* où il rend l'*e* très-ouvert, ainſi que dans le mot *Milanez*.

Il rend l'*é* fermé dans *nez*, *chez*, *aſſez*.

Le *z* ſe met également à la fin des ſecondes perſonnes des Verbes du pluriel, comme vous *liſez* vous *chantez*, vous *promenez*, &c.

De la lettre Æ.

Cette diphthongue ne ſe met guere que dans ces mots, *Æaque*, *Ægilops*, *Ægiptia*. On n'écrit plus *œconomie*, mais *économie*.

De l'Orthographe des Noms.

Tous les noms qui feront *ne* au feminin, ſe termineront par *an* au maſculin ; tels ſont les mots *payſan courtiſan*, qui font au féminin *payſanne*, *courtiſanne*, ainſi des autres.

Tous ceux qui finiront par *de* au féminin, au masculin se termineront par *and*; tels seront les mots *Marchand*, *gourmand*, qui font au féminin *Marchande*, *gourmande*.

Tous ceux qui seront dérivés des Verbes, se termineront par *ent*; tels sont les mots *encouragement*, *engourdissement*, qui sont dérivés des Verbes *encourager*, *engourdir*.

Regles pour les autres Noms Substantifs & Adjectifs.

Les mots terminés au masculin par un *c*, formeront leur féminin en ajoutant *he*; tèls sont les mots *franc*, *blanc*, qui au féminin font *franche*, *blanche*.

Il faut excepter de cette Regle les mots *public*, *Turc*, *Grec*, *Caduc*, qui veulent au feminin, *publique*, *Turque*, *Greque*, *Caduque*.

Ceux qui sont terminés par un *D*, prennent un *E* après cette finale; tels sont les mots *froid*, *grand*, *laid*, *ſecond*, & autres ſemblables.

On doit excepter de cette Regle les mots *Nud*, *Crud*, qui font au féminin *Nue*, *Crue*.

Tous ceux qui ſont terminés en *É* aigu ou maſculin, prennent au féminin un *E* muet; tels ſont le mots *effacé*, *créé*, *changé*, qui feront au feminin, *effacée*, *créée*, *changée*, & autres ſemblables.

Ceux qui ſont terminés en *al*, ou en *il*, prennent ſeulement un *E* muet au féminin; tels ſont les mots *Egal*, *Subtil*, & autres.

Mais ceux qui ſont terminés en *el*, ou en *eil*, doublent la conſonne au féminin: tels ſont les mots *naturel*, *pareil*, qui feront au féminin *naturelle*, *pareille*.

Ceux qui ſont terminés en *ol* au maſculin, au féminin doublent la conſonne; tels ſont les mots *fol*, *mol*, qui font *folle*, *molle*, & autres.

Ceux qui ſont terminés en *ien*, & en

on, doublent la consonne finale pour en faire le féminin : tels sont les mots *ancien*, *mien*, *bon*, qui font au féminin *ancienne*, *mienne*, *bonne*.

Ceux qui sont terminés en *et*, doublent la consonne finale pour en faire le féminin : tels sont les mots *sujet*, *discret*, qui font au féminin *sujette*, *discrette*.

A l'égard des Adverbes derivés des mots en *ant* ou *ent*, ils se formeront en changeant les deux dernieres lettres du masculin en *m*, après laquelle on ajoute la syllabe *ment*. Ainsi *suffisant*, *arrogant*, *innocent*, feront à leur Adverbe, *suffisamment*, *arrogamment*, *innocemment*.

Les noms d'Artisans & de Métier, qui auront à leur finale le son de l'*é* aigu, se termineront par *er* ; tels sont les mots *Perruquier*, *Boulanger*, *Attelier*, & autres semblables.

Les noms d'arbres, tels que ceux-ci : *figuier*, *oranger*, *citronnier*, *poirier*, &c. se termineront aussi par *er*, ainsi que tous ceux qui auront à leur finale le ſon de l'*é* fermé.

De l'Orthographe des Verbes.

Toutes les ſecondes perſonnes des Verbes au Sngulier, prennent une *s* à leur finale : cette regle eſt indiquée dans la derniere ſtrophe de cette Romance par M. Léonard. Une jeune bergere y pleure amerement l'abſence d'un nouveau Corydon.

Viens voir couler mes larmes
Sur ce même gaſon,
Où l'amour par ſes charmes
Egara ma raiſon,
Si dans ce lieu funeſte
Rien ne peut t'attendrir,
Adieu, parjure, un bien me reſte,
C'eſt l'eſpoir de mourir.
Un jour viendra peut-être
Que tu *n'aimeras* plus :
Alors je ferai naître
Tes regrets ſuperflus :
Tu *verras* mon image
Tu m'*entendras* gémir ;

Tu te *plaindras* berger volage
De m'avoir fait mourir.

On excepte de cette regle la feconde perfonne de l'Impératif du Verbe *aimer* au Singulier, & de tous ceux qui en fuivent la conjugaifon, exemples; *aime*, *vole*, *frappe*, *joue*, &c.

L'Impératif de la feconde perfonne du Verbe *aller* au Singulier ne prend également point d'*s*, exemple:

Tes yeux promettent le bonheur,
Confirment leur langage,
Va, le plaifir vaut bien l'honneur
D'être fiere & fauvage.

Quatrain adreffé à Madame Co** de Gen**.

Mais fi le Verbe fe trouve joint aux mots *en* & *y*, alors il prend l'*s*, comme quand je dis: *faites-y quelque chofe; changes-en à ton gré.*

Toutes les fecondes perfonnes des Verbes qui ont à leur finale le fon de l'*é* fermé, prennent un *z*. Dans ces vers adreffés à Madame Ga*** de Gen**.

Vous plaisantez lorsqu'on parle d'amour
Avec ce dieu vous *voulez* qu'on badine....
..... Douce, frivole & légere,
Par votre esprit vous *savez* tout charmer.
C'est un plaisir de chercher à vous plaire;
C'est un malheur de vous aimer.

On voit que les Verbes *plaisantez*, *voulez*, *savez* sont terminés par un *z*, tous les autres Verbes suivront la même regle.

Toutes les troisiemes personnes des Verbes au Pluriel se terminent par *nt*.

Dans une piece de Madame de C**. Un avare tient ce langage : « ils *veulent* » mon or, ce cher or qui m'a coûté tant » de peines; ils *projettent* de me l'envahir, » mais ils *seront* frustrés de leur espérance, » il sera enseveli avec moi. »

Les Verbes *veulent*, *projettent*, *seront* se terminent par *nt* parce qu'ils sont à la troisieme personne du pluriel.

Les avant-dernieres syllabes des Parfaits à la premiere & seconde personne du Pluriel, prennent toujours l'accent circonflexe;

flexe ; nous *eûmes*, nous *promenâmes*, vous *jouâtes*, vous *vîntes*, &c.

La troisieme personne de l'Imparfait du Subjonctif de tous les Verbes, au Singulier prend aussi l'accent circonflexe.

M. de Turenne étoit un jour d'été à la fenêtre de son anti-chambre, en veste blanche & en bonnet blanc. Entre un aide-cuisine qui le prenant pour son camarade, s'approche à petit bruit, hausse le bras, & de toutes ses forces lui décharge un grand coup sur le derriere. M. de Turenne se retourne. Le domestique reconnoissant son Maître & sa méprise, tombe à ses pieds pâle & tremblant, en lui disant : « Mon-» seigneur, je croyois que c'étoit George... » & quand ç'*eût* été George, dit sans ai-» greur, M. de Turenne, falloit-il donc » frapper si fort ! »

Les participes des Verbes qui ne doivent s'accorder avec aucun nom, & ceux qui ont à leur finale le son de l'*é* fermé ne prennent point d'*s* au pluriel, exemples ; nous *avons aimé*, vous *avez joué*, &c.

Mais ſi ces participes étoient précédés de quelques tems du Verbe *être*, ils prendroient l'*s* finale exemples : nous *ſommes flattés*, nous avons *été hués*, &c.

Regle du Verbe avec ſon correſpondant (*).

Le Verbe s'accorde avec ſon correſpondant en nombre & en perſonne.

1°. En nombre : ſi le nom ou pronom qui précede, eſt au ſingulier ou au pluriel, il faut mettre le Verbe au ſingulier ou au pluriel.

2°. En perſonne : ſi le nom ou le pronom auquel le Verbe ſe rapporte, marque la premiere, la ſeconde ou la troiſieme perſonne, alors il faut mettre le Verbe à la même perſonne, les deux quatrains ſuiſuivants confirment cette regle :

(*) On entend par *Correſpondant*, un Nom ou un Pronom avec lequel le Verbe s'accorde.

Tout mon *esprit*, quand je ne suis point ivre,
Ne me *fournit* qu'un petit mot ou deux :
Mais quand j'ai bu, *je parle* comme un livre ;
Et j'en dis plus cent fois que je ne veux,
A trop aimer, l'*ame se déconcerte*
L'on perd l'esprit & la raison qu'on a :
Mais en buvant, elle est toujours alerte ;
Et l'*esprit vient* quand la *raison s'en va*.

Les Verbes *fournit*, *parle*, *déconcerte*, *vient*, *s'enva*, s'accordent en genre & en nombre avec les mots *esprit*, *je*, *ame* & *raison* qui leur servent de correspondants.

Regle du nom adjectif avec son substantif.

L'adjectif doit s'accorder avec son substantif en genre & en nombre, dans ces vers :

Une *jeune bergere*
Les *yeux baignés* de pleurs,
A l'*écho solitaire*,
Répétoit ses douleurs
Hélas ! loin d'un parjure,
Où vais-je recourir
Tout me trahit dans la nature,
Je n'ai plus qu'à mourir.

Les adjectifs *jeune*, *baignés*, *solitaire*, s'accordent en genre & en nombre avec es noms substantifs qui les précédent.

Regles des Participes passifs.

En général tous les participes passifs sont terminés ou en *E*, ou en *I*, ou en *U*, ou en *ert.* Avant de savoir l'accord du participe avec le nom, il faut savoir ce qu'on entend par *correspondant.*

On entend par *correspondant* un mot avec lequel le Verbe s'accorde.

Pour découvrir cet accord, nommez le participe au masculin. En ajoutant *quoi* ou *qui* interrogatif.

Le premier mot que la réponse amene est, à coup sur, le *correspondant.*

Ou le participe est construit avec le Verbe *avoir*, ou avec le Verbe *être*, ou avec le Verbe *pronominal.*

Lorsqu'il est construit avec le Verbe *avoir*, & que le correspondant est avant lui, il faut les faire accorder.

Si le *correſpondant* eſt après le participe, point d'accord.

Exemples des deux cas.

Ier. Exemple. = La lettre que j'ai écrite. Ecrit quoi? une lettre.

Une lettre eſt donc le correſpondant.

Or, dans la phraſe ci-deſſus, lettre eſt avant; par conſéquent accord.

2eme. Exemble. = J'ai écrit une lettre. Ecrit quoi? une lettre.

Une lettre eſt donc le correſpondant.

Or, dans la phraſe ci-deſſus, lettre eſt après; par conſéquent point d'accord.

3eme. Exemple. = La maiſon que j'ai commencé de bâtir.

Commencé quoi? de bâtir.

De bâtir eſt donc le correſpondant.

Or, dans la phraſe ci-deſſus, de bâtir eſt après; par conſéquent point d'accord.

4eme. Exemple. = La réſolution que j'ai priſe de voyager.

Pris quoi? la réſolution.

La résolution est donc le correspondant.

Or, dans la phrase ci-dessus, la résolution est avant ; par conséquent accord.

Lorsque le participe est construit avec le Verbe être, il suit exactement la loi des adjectifs, quelque place qu'il occupe, & s'accorde avec son correspondant. Ainsi il faut écrire :

Le Roi est aimé
La Reine est aimée.

En général lorsque le participe termine la phrase, on le fait accorder avec le correspondant. Lorsqu'il ne la termine pas on ne le fait pas accorder.

Il faut observer que si le correspondant est représenté par le pronom *en* ; le participe reste invariable.

Exemple. = Vous reçûtes hier des nouvelles, j'*en* ai *reçu* aujourd'hui.

César a plus gagné de batailles que les autres n'*en* ont *Lu*.

Les participes *Reçu* & *Lu*, demeurent

invariables, parce que le correſpondant eſt repréſenté par le pronom *en*.

Du Participe conſtruit avec le Verbe Pronominal.

On appelle un Verbe pronominal tout Verbe qui ſe conjugue avec deux pronoms perſonnels.

Exemples du Participe conſtruit avec le Verbe pronominal.

Ier. Exemple. = Lucrece s'eſt tuée.
Tué qui? Soi.
Soi eſt donc le correſpondant.

Or, dans la phraſe ci-deſſus, *Soi* eſt avant le participe; par conſéquent accord.

Il ne faudroit pas écrire
Lucrece s'eſt *tué*.

2eme. Exemple. = Lucrece s'eſt *donné* la mort.
Donné quoi? la mort.
La mort eſt donc le correſpondant.

Or, dans la phraſe ci-deſſus, la mort eſt après; par conſéquent point d'accord.

Et si l'on écrivoit Lucrece s'est *donnée* la mort, ce seroit une faute.

Du trait d'union.

Le trait d'union (—) sert à joindre deux mots, pour les prononcer comme s'il n'y en avoit qu'un.

On le met entre le Verbe & le pronom personnel toutes les fois que ce dernier se trouve mis après le Verbe, comme dans ces vers :

Adieu *Laure*, adieu, chere *Laure*...
Quel jour, hélas! quel jour pour moi!
Ah! dans l'ardeur qui me dévore
Pourrai-je vivre loin de toi?
Je vivrai toujours dans la peine;
Plus de repos, plus de plaisir...
Mais, toi du malheureux *Philene*
Daigneras-tu te souvenir?

M. DE MORE.

Peut-on me demander ce que c'est qu'une femme,
A moi dont le destin est d'ignorer l'amour?
D'un aveugle affligé vous déchireriez l'ame,
Si vous lui demandiez ce que c'est qu'un beau jour.

Réponse d'un Abbé à une Dame qui lui demandoit ce que c'étoit qu'une femme.

Lorſque les pronoms *on*, *il*, ou *elle*, ſont après une troiſieme perſonne du ſingulier terminé par une voyelle, on ajoute un *T*, entre le Verbe & le pronom, avec deux traits d'union, un avant le *T*, & l'autre après, comme dans cette phraſe.

Croira-t-on que Desbarreaux ait jamais prononcé ces paroles? Grand Dieu! je vous demande trois choſes, *oubli* pour le paſſé, *patience* pour le préſent, & *miſéricorde* pour l'avenir.

On lie encor, par le trait d'union les mots *très*, *fort*, avec l'adjectif ou le mot ſuivant; *très-honnête*, *fort éloquent; très-humble*, *très-obéiſſant*, &c. & dans ce quatrain:

> Belle iris, ce n'eſt pas merveille,
> Si mon jeune rival vous déplaît:
> Car Vénus m'a dit à l'oreille
> Qu'il fait *très-bien* tout ce qu'il fait.

M. DE LA PLACE.

De l'orthographe des mots, dont on se sert le plus souvent.

a, & *à*.

a S'écrit sans accent lorsqu'il est Verbe; & on connoît qu'il est Verbe, lorqu'il y a un nom, ou un pronom qui sert de correspondant; comme dans ces phrases.

La confiance que l'on *a* en soi, fait naître la plus grande partie de celle que l'on *a* aux autres.

Il y *a* des reproches qui louent, & des louanges qui médisent.

Il y *a* des gens qui ressemblent aux Vaudevilles, que tout le monde chante un certain tems, quelques fades & dégoutans qu'ils soient.

à S'écrit avec l'accent grave lorsqu'il est article, & on connoît qu'il est article lorsqu'il n'y a point de nom ou de pronom qui puisse lui servir de correspondant, comme dans ces phrases.

Il n'est pas *à* craindre qu'on devienne

Payen pour avoir enteudu *à* Paris l'opéra de Proſerpine, ou pour avoir vu *à* Rome les nôces de Pſyché, peintes dans un palais du Pape par Raphaël. La fable forme le goût & ne rend perſonne idolâtre.

L'élégance eſt plus néceſſaire *à* la poëſie qu'*à* l'éloquence, parce qu'elle eſt une partie de cette harmonie ſi néceſſaire aux vers.

On donne plus ſouvent des bornes *à* ſa reconnoiſſance, qu'*à* ſes déſirs & *à* ſes eſpérances.

On, & *Ont.*

On S'écrit ainſi lorſqu'il eſt pronom général; & on connoît qu'il eſt pronom général lorſqu'il n'y a point de nom ou de pronom qui puiſſe lui ſervir de correſpondant, comme dans ces phraſes:

On aime bien à deviner les autres, mais *on* aime pas à être deviné. = *On* ne blâme le vice, & *on* ne loue la vertu que par intérêt. = En vieilliſſant *on* devient plus fou & plus ſage.

Ont s'écrit de cette maniere lorſqu'il eſt Verbe ; & on connoît qu'il eſt Verbe lorſqu'il y a un Nom, ou un Pronom qui lui ſert de correſpondant ; comme dans ces phraſes.

Les ſerpens à ſonnettes *ont* au bout de la queuë des eſpeces de grelots qui nous avertiſſent du danger lorſqu'ils ſe meuvent. = Les Anglois *ont* toujours reproché aux François leur attachement pour la ſuperficie des choſes. Les François leur *ont* répondu qu'il valoit mieux, pour le commerce de la vie, être ſuperficiellement agréable que triſtement profond.

Sont & *Son.*

Sont s'écrit ainſi lorſqu'il eſt Verbe ; & on connoît qu'il eſt Verbe par les mêmes regles que j'ai données ci-deſſus, comme dans ces phraſes.

En général les femmes *ſont* plus ſpirituelles que les hommes ; & elles n'ont gueres que des caracteres mixtes, ou intermédiaires. = Ce *sont* les mines du Potosi qui ont enrichi les Espagnols. = Les habitans du Mexique *sont* les premiers qui ont essuyé les cruautés inouies de cette nation orgueilleuse.

Son s'écrit de cette maniere lorsqu'il est Pronom possessif; & on connoît qu'il est Pronom possessif lorsqu'il est joint immédiatement à un nom, comme dans ces vers.

» L'amour est un enfant qui veut être conduit ;
» L'espérance est *son* guide, en aveugle il la suit ;
» Il veut qu'on le séduise, & non pas qu'on l'éclaire ;
» Voilà de *son* bandeau la cause & le mystere.

Ces, *Ce*, & *Ses*, *Se*.

Ces, *Ce*, s'écrivent ainsi lorsqu'ils sont Pronoms démonstratifs, c'est-à-dire lorsqu'ils indiquent l'objet, comme dans ces vers : (ils furent présentés à Monsieur, à son entrée en Provence).

» Le voilà *ce* beau ciel que l'on peint sans nuage,
» *Ces* plaines, *ces* côteaux, couronnés d'orangers,

» Cet éternel printems, *ce* peuple de bergers;
» Au son du tambourin, folâtrant sous l'ombrage!
» D'un regard bienfaisant, parcourez *ce* rivage;
» *Ces* lieux, jeune héros, qu'on dit si fortunés,
» Ne ressemblent à cette image
» Qu'au moment que vous y venez.
» Mais la peinture fabuleuse
» De *ces* bois parfumés, de *ce* séjour charmant,
» Où tout tient du délire & de l'enchantement,
» Vous a peint la Provence encor moins heureuse
» Qu'elle ne l'est en vous voyant ».

Ses, s'écrit de cette maniere lorsqu'il est Pronom possessif, comme dans ces vers à M. de Launaye.

« D'un Salomon, né sans foiblesse,
» Vous méritez donc les égards!
» Eleve & Protecteur des Arts,
» Ce Monarque, par *ses* largesses,
» Les attire de toutes parts:
» Ainsi, ce rival de la France
» Soit dans la guerre, ou dans la paix,
» Sait toujours vaincre; & le François
» Qui se dérobe à sa vaillance,
» N'échappe pas à *ses* bienfaits.

Se, s'écrit ainsi lorsqu'il est joint à un

Verbe, pourvu qu'il ne soit pas Verbe démonstratif ; comme dans ces phrases & dans ces vers.

Les vieillards aiment à donner de bons conseils, pour *se* consoler de n'être plus en état de donner de mauvais exemples.

La plus subtile folie *se* fait de la plus subtile sagesse.

» Damon *se* tue à *se* prôner,
» Et de cela chacun s'étonne ;
» Il ne faut pas tant s'étonner,
» Damon n'est aidé par personne.

Et, *Est*.

Et, s'écrit ainsi lorsqu'il sert à lier deux, ou plusieurs mots ensemble, comme dans ces vers, & dans ces phrases.

» Enfin je respire un moment ;
» Hilas quitte ces lieux, Corinne me délaisse ;
» *Et* je demeure au même instant
» *Et* sans rival *Et* sans maitresse.

La sévérité des femmes, est un ajustement *et* un fard qu'elles ajoutent à leur beauté ; c'eſt un attrait fin *et* délicat, *et* une douceur déguiſée.

Eſt, s'écrit de cette maniere lorſqu'il eſt Verbe, & on connoît qu'il eſt Verbe lorſqu'il y a un Nom ou un Pronom qui lui ſert de correſpondant ; comme dans ces phraſes & dans ces vers.

L'amour *eſt* à celui qui aime, ce que l'ame *eſt* au corps qu'elle anime.

L'amour-propre *eſt* le plus grand des flatteurs.

» Ce marbre, ou de d'Eon le buſte *eſt* tracé,
» A deux femmes aſſure une gloire immortelle :
» Et par elle vaincu, l'autre ſexe *eſt* forcé
» D'envier à la fois l'artiſte & le modele.

(Pour le Buſte de Mademoiſelle d'Eon, exécuté par Madame Falconnet.)

Cet, *C'eſt*, ... & *S'eſt*.

Cet, s'écrit ainſi lorſqu'il eſt Pronom démonſtratif, comme dans ces phraſes :

Nous faiſons toujours réjaillir ſur les autres *cet* orgueil, *cet* amour-propre qui eſt notre premier appanage.

C'eſt, s'écrit de cette maniere, lorſqu'il eſt Verbe démonſtratif :

C'eſt une eſpece de bonheur de connoître juſqu'à quel point on doit être malheureux. = *C'eſt* une grande difformité dans la nature qu'un vieillard amoureux. = La jeuneſſe eſt une ivreſſe continuelle ; *c'eſt* la fievre de la ſanté, *c'eſt* la folie de la raiſon.

S'eſt, s'écrit ainſi lorſqu'il a avant lui un nom ou un pronom qui lui ſert de correſpondant & qu'il eſt ſuivi d'un Verbe :

Caton *s'eſt* donné la mort. = Cléopatre *s'eſt* habillée en vénus pour enchaîner Antoine, comme elle avoit enchaîné Céſar. Après la mort de ce dernier, cette Princeſſe ambitieuſe *s'eſt* déclarée pour les Triumvirs.

La, & *Là*.

La, s'écrit ainſi lorſqu'il eſt Article ; & on connoît qu'il eſt Article, lorſqu'il eſt joint immédiatement à ſon nom exprimé ou ſous-entendu, comme dans ces phraſes :

La gravité eſt un myſtere du corps, inventé pour cacher les défauts de l'esprit. = *La* vertu n'iroit pas loin, si *la* vanité ne lui tenoit compagnie.

Là, s'écrit de cette maniere, lorsqu'il est Adverbe de lieu, ou qu'il est à la suite d'un Pronom démonstratif :

Les vieillards aiment à donner de bons conseils pour se consoler de n'être plus en état de donner de mauvais exemples ; & leur morale se tient toute *là*.

Celui-*là* n'est pas raisonnable à qui le hasard fait trouver la raison ; mais celui-*là* l'est véritablement qui la connoît, qui la discerne & qui la goûte.

Ou, & *Où*.

Ou, s'écrit de cette maniere, lorsqu'il est conjonction, c'est-à-dire, quand il sert à lier deux ou plusieurs mots ensemble :

Ou l'intérêt donne toutes sortes de vertus, *ou* il donne toutes sortes de vices.

Où, s'écrit ainsi lorsqu'il est Adverbe de lieu :

Où seroit-il possible de trouver un pinceau plus moëlleux, une touche plus délicate, un coloris plus vigoureux que celui de Michel-Ange.

Des, & *Dès*.

Des, s'écrit ainsi lorsqu'il est article; & on connoît qu'il est article, lorsqu'il est joint à son nom substantif :

Le refus *des* louanges est un desir d'être loué deux fois. = L'honnêteté *des* femmes est l'amour de leur réputation & de leur repos.

Dès, s'écrit de cette maniere, lorsqu'il est préposition de Tems :

Les Italiens sont musiciens *dès* leur naissance.

Desbarreaux annonça *dès* l'âge le plus tendre le raffinement du plaisir, qu'il porta dans la suite jusqu'à l'excès.

Quand & *Quant.*

Quand, s'écrit de cette maniere, lorſqu'il eſt adverbe de Tems :

Quand il n'y a que nous qui ſavons nos crimes, ils ſont bientôt oubliés. = *Quand* nous ſommes las d'aimer, nous ſommes bien aiſes que l'on devienne infidelle, pour nous dégager de notre fidélité.

Quant, s'écrit ainſi lorſqu'il eſt ſuivi immédiatement des articles *à au*, *aux* :

Quant à la coutume que nous avons de nous déguiſer aux autres pour acquérir leur eſtime, elle fait qu'enfin nous nous déguiſons nous-mêmes. = *Quant* au mal que nous faiſons, il ne nous attire pas tant de haine & de perſécution que les bonnes qualités que nous avons.

Leur, & *Leurs.*

Leur, s'écrit ainſi lorſqu'il eſt pronom Conjonctif, on connoît qu'il eſt pronom Conjonctif, lorſqu'il peut ſe tourner par eux ou par elles :

Souvent, l'éducation qu'on donne aux jeunes gens, eſt un ſecond orgueil qu'on *leur* inſpire.

Il n'eſt pas ſi dangereux de faire du mal à la plupart des hommes que de *leur* faire trop de bien.

Les Rois font des hommes comme des piéces de monnoye ; ils les font valoir ce qu'ils veulent, & l'on eſt forcé de les recevoir ſelon *leur* cours, & non ſelon *leur* véritable prix.

Leurs, s'écrit ainſi lorſqu'il eſt pronom poſſeſſif :

Les Philoſophes & Seneque, ſur-tout, n'ont point ôté les crimes par *leurs* préceptes, ils n'ont fait que les employer au bâtiment de l'orgueil.

Nôtre & Notre, Vôtre & Votre.

Lorſque *Notre* & *Votre*, ſont ſuivis d'un nom ſubſtantif, ils ne prennent point d'accent, & ſont Brefs :

Notre amour eſt auſſi inconſtant que *Notre* maniere d'apprécier les choſes.

Mais lorſque *Nôtre* & *Vôtre*, ſont précédés d'un ſubſtantif, ils prennent l'accent circonflexe :

Leur pays & le *Nôtre* ; mon livre & le *Vôtre*.

Qu'elle & *Quelle*.

Si la décompoſition ne peut pas avoir lieu, *Quelle* s'écrit ſans apoſtrophe :

Quelle aigle que Corneille, que ſon vol eſt audacieux. = *Quelle* colombe que Racine !

Mais ſi la décompoſition peut avoir lieu, *Qu'elle* s'écrit avec une apoſtrophe :

Quant à l'amitié on peut dire qu'il n'eſt point de peines *qu'elle* ne diminue, ni de plaiſir *qu'elle* n'augmente.

Du, & *Dû*.

Du, s'écrit ainſi lorſqu'il eſt article ;

La paſſion fait ſouvent *du* plus habile

homme un fou, & rend presque toujours les plus sots habiles.

Le silence donne *du* poids aux pensées, & *du* crédit aux paroles. = L'amour propre est plus habile que le plus habile homme *du* monde.

Dû, prend l'accent circonflexe lorsqu'il est participe du Verbe *devoir* :

La Fontaine faisoit à chaque quartier une quittance poëtique pour la pension qui lui étoit *dûe* par le Sur-Intendant de Paris.

Mais & Mes.

Mais, s'écrit ainsi lorsqu'il est conjonction d'opposition :

Louis XIV. disoit d'une de ses maîtresses ; c'est une belle & jolie tête, *mais* elle n'a point de cervelle.

Mes, s'écrit ainsi lorsqu'il est pronom possessif :

Madame de La Sabliere ayant un jour congédié tous ses Domestiques, ne put s'empêcher de dire cette phrase sur M. de La Fontaine, à cause de l'espece de stupidité que cet homme de génie avoit dans son maintien. » Je n'ai gardé avec moi que *mes* trois bêtes; mon chien, mon chat, & La Fontaine.

Quelque & Quelques.

Quelque, s'écrit ainsi lorsqu'il est joint à un nom adjectif séparé de son substantif:

Quelque éloignées de la Terre que soient les planettes, on en mesure la distance par les calculs astronomiques.

Avec le tems & la patience on apprivoise les animaux, *quelque* féroces qu'ils puissent être.

Il s'écrit encore sans *s*, lorsqu'il signifie environ, comme quand je dis: Il y a *quelque* trois cents ans que l'Imprimerie a été trouvée, c'est-à-dire, il y a environ trois cents ans.

Quelques, s'écrit de cette maniere, lorsqu'il eſt joint à un ſeul ſubſtantif, ou à un ſubſtantif ſuivi de ſon adjectif :

Quelques actions que je faſſe ; *quelques* éclatantes actions que je faſſe.

Sur & *Sûr*.

Sur, s'écrit de cette maniere lorſqu'il eſt prépoſition, & on connoît qu'il eſt prépoſition lorſqu'il eſt ſuivi d'un nom ſubſtantif. = Mais *Sûr* s'écrit avec l'accent circonflexe lorſqu'il eſt adjectif comme dans ces vers :

Tircis ſoyez *ſûr* de mon ferment ;
J'ai pour vous un amour extrême ;
Je vous aime preſqu'autant
Que vous vous aimez vous-même.

REGLES DE LA PONCTUATION.

M. DOMERGUE *eſt de tous les Grammairiens celui qui a ſemé le plus de clarté dans cette matiere : nous nous en tiendrons à ſon ſentiment ſur les regles de la Ponctuation.*

LE ſens de la phraſe eſt-il un peu ſuſpendu ? mettez une virgule (,) : L'eſt-il un peu plus ? mettez le point & virgule (;) : La ſuſpenſion a-t-elle encore un degré ? mettez les deux points (:) : Enfin le ſens eſt-il complet ? mettez un point (.). Telle eſt la regle générale de la Ponctuation.

Mais comme elle ne ſuffiroit pas pour la connoître & la ſavoir impertubablement, je m'en vais donner les diviſions de cette regle, qui conduiront les perſonnes, qui ſe donneront la peine de les voir, à une connoiſſance parfaite de la ponctuation.

Avant de faire connoître les différentes regles de la ponctuation, il faut savoir ce qu'on entend par *Complément* d'un mot, *Correspondant* d'un Verbe, & *incident* d'une phrase.

J'appelle *Complément* d'un mot, la suite nécessaire de ce mot.

Le *Correspondant* d'un Verbe, est un mot avec lequel le Verbe s'accorde. Nous l'avons déja dit (page 130).

L'*Incident* est un mot ou un assemblage de mots dont la phrase Grammaticale peut absolument se passer.

Premiere Regle.

Entre un mot & son Complément, entre le Correspondant & le Verbe, point de virgule : = Exemple de ces deux Cas.

Suis-tu le vol audacieux
Du chantre des vainqueurs d'Elide ?
Ta muse fougueuse & rapide
S'élance-t-elle dans les cieux ?

Le sens pour être complet exige quelque

chofe après *fuis-tu*, après *vol audacieux*; après *vainqueurs.*

Seconde Regle, fervant d'exception à la précédente.

Si le mot & fon Complément, fi le Correfpondant & le Verbe font féparés par un incident, les mots qui l'expriment doivent être précédés & fuivis de la virgule.

Exemple du premier Cas. = M. de Voltaire dit des fuicides ;

> Ils n'ont pû fupporter, *foibles & furieux*,
> Le fardeau de la vie, *impofé par les Dieux.*

L'on voit qu'il faut féparer par deux virgules les deux incidens qui fe trouvent dans le premier & le fecond vers : Le premier, qui eft *foibles & furieux* : Le fecond, *impofé par les Dieux.*

Exemple du fecond Cas.

> Quels peuples oferont, dans les champs de l'Hiftoire,
> Difputer aux François la palme de la gloire ?
> Le vertueux Mably, *quand il peint Phocion*,

Pense comme Socrate, écrit comme Platon.
L'harmonieux Vertot, *toujours noble & rapide*,
Fait revivre Népos, Salluste & Théuclide.
Le véhément Raynal, *quelquefois trop hardi*,
Profond comme Tacite, est plus brillant que lui.
Hénault, dont le crayon plein de force & de grace,
Dans un champ limité semble aggrandir l'espace
Ton rapide burin, *quand tu traces les faits*,
En les accumulant, ne les confond jamais.

Il faut observer que les incidents doivent toujours être clos par deux virgules, quelques places qu'ils occupent, à moins que la regle des repos, ou quelque autre regle essentielle ne prescrive, avant ou après, une autre ponctuation.

Exemple. = Le Curé dans Mélanie dit en parlant du sentiment de l'Eglise sur la profession Religieuse.

Mais elle veut *toujours* qu'on soit libre *en son choix*.
Elle veut, quand du Cloître on embrasse les loix,
Que le Ciel, le salut soient nos motifs augustes.
Mais les erreurs du siecle, & les projets injustes,
Mais d'une foible enfant se rendre l'oppresseur;
Lui commander des vœux qui lui sont en horreur,

Que l'avarice attend, & que la crainte fouille;
Offrir son ame à Dieu, *pour ravir sa dépouille*;
Faire, entre deux enfans qu'on a reçus des cieux,
De l'amour, de la haine un partage odieux;
Grand Dieu! que de l'orgueil, cet horrible édifice,
S'écroule & disparoisse *aux yeux de ta Justice.*

Dans cet exemple on voit des incidents sans virgule : *toujours*, *en son choix*, *aux yeux de ta Justice.*

Troisieme Regle.

Il faut employer la virgule quand on veut marquer les détails, & distinguer les sens partiels, lorsque les poumons n'exigent que la plus foible des pauses.

Exemple du premier Cas.

Ecoutons l'inimitable M. de Buffon, dans sa description du chat : elle servira de regle sûre & invariable :

« Cet animal naturellement sauvage, est
» adroit, souple, curieux de la propreté,
» méfiant, indocile, volontaire, moins
» ami de l'homme que familier par intérêt

» & par habitude, ingrat, méchant par » caractere, insensible aux caresses, irrité » des mauvais traitemens, dangereux dans » sa colere, c'est le symbole de l'hipocrisie » & de la trahison ».

Exemple du second Cas.

Dans ce quatrain, pour le portrait de Mlle. L***. de Gen***. les sens partiels sont très-bien désignés.

Vous avez tout reçu, sans être plus fiere;
Beautés, graces, raison, il ne vous manque rien;
Qui connoît votre esprit, vous admire & s'éclaire;
Qui connoît votre cœur, ne peut garder le sien.

*M. l'Abbé ***.*

Quatrieme Regle.

Lorsque *Et*, *Ni*, *Ou*, unissent des mots qui exigent une succession prompte, point de virgule:

L'exercice *Et* la frugalité fortifient le tempérament.

Je ne veux plus vous voir *Ni* vous entendre.

Mais ſi ces mêmes conjonctions uniſſent des mots qui permettent une pauſe avant elles, il faut indiquer cette pauſe par une virgule, ou par un point-&-virgule, ſuivant le degré de ſuſpenſion.

Exemple. = L'exercice que l'on prend à la chaſſe, & la frugalité que l'on obſerve dans les repas; fortifient le tempérament. Je ne veux plus vous voir dans l'état *où* vous êtes, *ni* vous parler des riſques que vous courez.

Cinquieme Regle.

Il eſt des morceaux de ſentiment ou de force qu'on veut faire remarquer. La voix les déſigne par des pauſes plus ou moins grandes, & l'écriture par les ſignes ſuivants (..(...(....)

Le Pere de Famille libre des inquiétudes où l'avoit plongé ſon fils, termine ainſi l'excellente Piece de ce nom : Qu'il eſt cruel.. Qu'il eſt doux d'être pere !

Les autres ſignes Orthographiques ſont

désignés dans cette épître à une jeune Provençale :

Vous voulez dans la solitude
Vous ensevelir pour toujours,
Et gémir sur tant de beaux jours
Que vous a dérobés l'étude !
Insensée ! . . . Eh, quoi ! pensez-vous
Que ce monde vain & jaloux
Soit votre seul aréopage ? . . .
Et cette si bonne maman
Dont les caresses ont souvent
Fait renaître votre courage. . . .
Et ce papa si glorieux
De sentir qu'au gré de ses vœux
Prospere son plus bel ouvrage ;
Et cet essaim de vrais amis. . . .
Comptez-vous pour rien leur suffrage ?

Sixieme Regle.

Si dans la phrase on interroge, on met un point d'interrogation (?) ; si on s'écrie on admire, on met un point d'exclamation ou d'admiration (!).

Exemples de ces deux points.

Dans Xercès Darius dit à Artaxerce son frere :

„ Les dieux te puniront un jour de mes malheurs.
„ Tu détournes les yeux ? je vois couler tes pleurs ?
„ Hélas ! & que me sert que ton cœur s'attendrisse ;
„ Tandis que ta fureur me condamne au supplice ?
„ Quel opprobre, grands Dieux ! & quelle indignité !
„ Au supplice ! quoi ! moi ! l'avois-je mérité ?
„ De tant de noms fameux, en ce moment funeste ;
„ Le nom de parricide est le seul qui me reste !
„ Je me sens, à ce nom, agité de fureur,
„ Ah ! cruel, s'il se peut, épargne-m'en l'horreur.

HOMONYMES.

L'On entend par *Homonymes* les mots dont la prononciation eſt la même ou à-peu-près la même, & l'orthographe différente. Le tableau ſuivant paroît faciliter l'étude de l'orthographe.

A.

a	il a Verbe.
à	article.
ah / *ha*	Interjections.
abaiſſe	Verbe.
Abeſſe	d'un Couvent.
Abbé	M. l'Abbé.
abée	ouverture par où coule l'eau qui fait tourner la roue d'un moulin.
accord	ſubſtantif.
accort	complaiſant.
ache	plante.
hache	inſtrument tranchant.
achit	plante étrangere.
hachis	viande hachée.

acquit	quitance.
acquis	participe du Verbe acquérir.
acre	mesure de terre.
âcre	qui a de l'âcreté.
agar	servante d'Abraham.
hagard	farouche.
aile	d'oiseau.
elle	pronom.
aine	partie du corps.
haine	inimitié.
aîné	frere aîné.
Enée	nom d'homme.
air	un des 4 élémens.
aire	à battre le blé.
ère	terme de Chronologie.
haire	chemise de crin.
airer	Verbe, faire son nid.
airée	la quantité de gerbes qu'on met à la fois dans l'aire.
ais	planche.
hais	je hais.
haie	clôture d'épines.
alène	outil.
haleine	souffle.
Alicante	Ville d'Espagne.
Aliquante	partie Aliquante.
allége	petit bateau qui va à la suite d'un plus grand.

allége	Verbe, il allége.
allée	substantif.
aller	marcher.
Amande	fruit:
amende	peine.
amant	amante.
aman	favori d'Assuérus.
ami	mon ami.
amict	habillement de Prêtre.
an	année.
en	pronom, préposition.
anche	de haut-bois, de basson.
hanche	partie du corps.
Ancre	de Vaisseau.
encre	à écrire.
âne	bête de somme.
Anne	nom de femme.
année	douze mois.
ânée	la charge d'un âne.
antre	l'antre d'un ours.
entre	Verbe, préposition.
Anglois	un Anglois.
anglet	terme d'Architecture, petite cavité creusée en angle droit, qui sépare les bossages ou pierres de refend.
Anvers	Ville.

envers	prépoſition.
envi	plaît à l'*envi*.
envie	deſir, déplaiſir que l'on a du bien d'autrui.
Août	un des douze mois.
où	Adverbe de lieu.
ou	conjonction.
houe	inſtrument de fer.
houx	arbriſſeau.
appas	charmes.
appât	pâture.
apelles	peintre célebre.
appele	du Verbe *appeler*.
après	prépoſition.
apprêt	ſubſtantif.
argent	métal.
Argens	les Marquis d'Argens.
Arras	Ville.
Haras	lieu deſtiné à loger des étalons.
art	regles.
hart	corde.
avant	prépoſition.
avent	temps deſtiné par l'Egliſe pour ſe préparer à la fête de Noël.
au, *aux*, *ô*	articles.
aulx	pluriel d'*ail*.
Eau	un des quatre Elémens.

haut	haute.
os	partie dure du corps.
ho } *oh* }	Interjections.
Aude	Riviére.
ode	poëme.
auſpice	favorable.
hoſpice	petite maiſon Religieuſe.
autan	vent du midi.
autant	Adverbe.
autel	d'Egliſe.
hôtel	maiſon.
auteur	d'un livre.
hauteur	élévation.

B.

Bacha	titre d'honneur en Turquie.
bachat	terme de manufacture de papier.
Bacinet	eſpece de Renoncule.
baſſinet	de fuſil.
bai	d'un poil rouge-brun.
baie	terme de géographie.
baile	de Veniſe.
Bayle	auteur fameux.

belle	féminin de *beau.*
bêle	Verbe : *je bêle.*
bâiller	d'ennui.
bailler	terme de pratique.
bain	prendre un bain.
Byng	Amiral Anglois.
balai	pour nettoyer.
balais	Rubis balais.
ballet	danſe.
balle	de marchandiſes.
Bâle	Ville.
ban	cri public, banniſſement.
banc	ou l'on s'aſſied.
bans	terme de chaſſe.
Bar	Ville.
bard	civiére à bras.
bruſc	arbriſſeau.
bruſque	prompt & rude.

C.

Cadi	Juge Turc.
Cadis	étofe.
Caen	Ville.
Camp	des françois.
quand	lorſque.
quant	à vous.

Kan	des Tartares.
cahot	Saut que fait une voiture.
chaos	confusion.
Cap	pointe de terre.
cape	la cape & l'épée.
car	conjonction.
quart	la quatrieme partie.
cartier	Marchand de cartes.
quartier	d'une Ville.
se	pronom personnel.
ce	pronom démonstratif.
céans	Adverbe.
séant	du Verbe seoir.
ceignons	du Verbe *ceindre*.
saignons	du Verbe *saigner*.
ceint	du Verbe *ceindre*.
cinq	personnes.
sain	saine.
Saint	Sainte.
sein	gorge.
seing	signature.
ceinte	féminin de *ceint*.
Sainte	féminin de *saint*.
Saintes	Ville.
céler	cacher.

ſceller	mettre le ſceau.
ſeller	un cheval.
cèle	du Verbe celer.
celle	féminin de celui.
ſcelle	du Verbe ſceller.
ſelle	de cheval.
cellier	où l'on ſerre le vin.
ſellier	marchand de ſelles.
Cène	la Cène de notre Seigneur.
ſaine	féminin de ſain.
ſcène	de tragédie.
Seine	Riviere.
Cenſé	réputé.
ſenſé	qui a du bon ſens.
cens	redevance.
cent	nom de nombre.
ſang	qui coule dans les veines.
ſans	prépoſition.
Sens	Ville.
ſens	le ſens commun.
centon	ouvrage de poéſie.
Santon	Moine Turc.
cep	un cep de vigne.
ſeps	ſerpent.
Cerf	animal.
ſers	Verbe : *Je ſers.*

Cervantes	nom d'homme.
ſervante	domeſtique.
cet	pronom.
ſaie	vêtement ancien.
ſuis	Verbe : *Je ſais.*
ſept	perſonnes.
ceſſion	démiſſion.
Seſſion	ſéance d'un Concile.
chaine	fers.
chêne	arbre.
chair	viande.
cher	chere.
chaire	de prédicateur.
chere	bonne chere.
champ	piéce de terre.
chant	harmonieux.
charier	verbe.
charrier	de leſſive.
chaſſe	Verbe ; ſubſtantif.
châſſe	à reliques.
chaud	chaude.
chaux	de la chaux.
chaut	peu m'en chaut.
chœur	de muſique.
cœur	avoir du cœur.

Chrême	le Saint chrême.
créme	de la crême.
chrie	amplification.
cri	clameur.
cric	machine.
ci	adverbe.
ſi	conjonction.
ſcie	à couper.
ſis	ſiſe.
ſix	perſonnes.
cil	poil des paupieres.
ſil	terre minérale.
cire	cire molle.
ſire	en parlant au Roi.
clain	d'une douve.
clin	d'œil.
clair	claire.
Clair	Saint-Clair.
clerc	de procureur.
clauſe	d'un contrat.
cloſe	clos, cloſe.
coi	tranquille.
quoi	pronom.
Colomb	Chriſtophe Colomb.
colon	celui qui cultive une terre.
cólon	terme d'anatomie.

compte	terme d'arithmétique.
Comte	qui possede un comté.
conte	recit.
compter	en fait de nombre.
conter	narrer.
comté	titre d'une terre.
Comus	divinité dont l'unique fonction étoit de présider aux fêtes, aux toilettes des femmes & des jeunes hommes qui aimoient la parure.
Cômus	nom d'homme.
conquête	faire des conquêtes.
conquette	terme de fleuriste.
comptant	de l'argent comptant.
contant	du Verbe *conter*.
content	satisfait.
cor	de chasse; durillon.
corps	l'ame & le corps.
cors	cerf dix cors.
corus	l'un des principaux vents.
chorus	mot qui n'est d'usage que dans cette phrase faire chorus, chanter ensemble à table.
cote	marque numérale.
côte	penchant d'une colline; rivage de la mer.

cotte	jupe ; cotte d'armes.
quote	quote-part.
cou	partie du corps.
couds	je couds.
coup	frapper un coup.
coût	ce qu'une chose coûte.
cour	une cour.
cours	je cours ; un cours de physique.
court	courte.
crains	je crains.
crin	de cheval.
cri	jetter un cri.
cric	instrument qui sert à lever toutes sortes de fardeaux.
crie	Verbe : *je crie.*
cycle	solaire.
sicle	monnoie.
cygne	oiseau.
signe	marque.

D.

Dais	sous le dais.
des	article.
dès	préposition.
dam	la peine du dam.
dans	préposition.
dent	mal de dents.

danse	pas cadencés.
dense	épais.
date	d'une lettre.
datte	fruit.
défet	imperfection d'un livre.
défait	détruit.
dégoutter	couler goutte à goutte.
dégoûter	ôter l'appétit.
Délie	surnom de Diane.
délit	crime.
dessein	projet.
dessin	l'art de dessiner. L'accadémie écrit *desseln.*
dixme	la dixme.
dîmes	nous dîmes.
doigt	doigt de la main.
dois	je dois.
don	présent.
dom, ou don	titre.
donc	conjonction.
dont	pronom.
du	article.
dû	du Verbe *devoir.*

E.

écho — ſon.
écot — quote part.

élan — quadrupede.
élant — prendre un élant.

enter — greffer.
hanter — fréquenter.

eſſai — épreuve.
eſſaie — racine dont on ſe ſert dans les Indes pour teindre en écarlate.

étaim — laine.
étain — métal blanc.
éteint — éteinte.

étang — amas d'eau.
étant — gerondif du Verbe *être*.
étends — j'étends ; Verbe.

être — Verbe.
hêtre — arbre.

eu — participe du Verbe avoir.
hue — terme de charretier.

eûmes — nous eûmes.
hume — je hume.
Hume — Mr. Hume.

eux — pronom perſonnel.
œufs — des œufs

exa[illegible]	une priere.
exhauſ[illegible]	un mur.

F.

Face	viſage.
faſſe	[illegible] que je faſſe.
faſce	terme [illegible] blaſon.
faim	[illegible] de manger.
fin	[illegible] fin d'un ouvrage.
fein[illegible]	feinte.
[illegible]	ſommet.
faite	féminin de fait.
[illegible]*te*	célébrer une fête.
[illegible]*on*	le petit d'un[illegible]che.
fends	[illegible] fends.
faut	il faut.
faux	fauſſe ; une faux.
fèeire	Verbe à l'infinitif.
ferre	je ferre.
férie	l'art des fées.
fèrie	vacation.
flan	tarte.
flanc	partie du co[illegible].
foi	la foi.
foie	le fo[illegible]

fois	une fois, deux fois.
Foix	le comté de Foix.
fond	l'endroit le plus bas.
fonds	fonds de terre ; je fonds.
font	vous faites ; ils font.
fonts	les fonts baptiſmaux.
for	le for intérieur [illegible]
fort	forte ; un fort ; [illegible] jolie.
fors	excepté ; il a v[illegible]
forçat	galerien.
força	il forçat Verbe.
forêt	bois.
foret	inſtrument de fer.
Forez	le Forez, province.
format	terme de Librairie ;
forma	il forma.
fournil	lieu où l'on met le four.
fournis	je fournis.
frai	des poiſſons, diminution de poids dans la monnoie.
frais	fraîche ; prendre le frais ; faire des frais.
fret	louage d'un vaiſſeau.
fuie	petit colombier.
fuis	je fuis Verbe.

file longue suite de personnes
choses.
file Verbe, je file.

G.

Gai joyeux.
gué passer à gué.
guet faire le guet.

gale maladie de la peau.
galle noix de galle.
[illegible] le prince de Galles.

gant de soie;
Gand ville.

Gard le pont du Gard.
gars un jeune gars.
gare du Verbe garer; une gare.

geai oiseau.
jais substance bitumineuse.
jet collier de jais, jet d'eau.

gêne torture;
Gênes ville.

gent gente; la gent trotte-menue.
gens les gens.
Jean nom propr[illegible]
jan terme du jeu du [illegible]

grace fave[illegible]

graſſe	gras, graſſe.
Graſſe	ville.
grat	lieu où les poules gratent pour trouver des vers.
grate	coups, mauvais traitemens.
grenat	pierre précieuſe; fruit.
grena	il grena.
guère	invariable.
guerre	ſubſtantif.
gril	uſtenſile de cuiſine.
gris	griſe.

H.

Haire	chemiſe de crin.
hère	un pauvre hère.
héraut	d'armes.
héros	héroïne.
hie	une hie.
y	pronom, Adverbe de lieu.
horion	coup rude.
orion	conſtellation.
hoſtie	victime.
Oſtie	vil[illegible]
[illegible]ôte	[illegible]ôteſſe.
[illegible]tte	porter [illegible]otte.

haute — haut, haute.
ôte — j'ôte.

huis — à huis clos.
huit — huit personnes.

I.

Ilot — petite île.
[illegible] — [illegible]sclave Lacédémonien.

J.

[illegible] — habit court & serré ; vieux mot.
Jacque — nom [illegible]pre.

jeune — opposé de *vieux*.
jeûne — abstinence.

jurat — de Bordeaux.
jura — il jura.

K.

Kain — le Kain, acteur tragique.
quint — la cinquiéme partie. / Charles quint. / Sixte quint.

L.

La — article.
là — Adverbe de lieu.
las — lasse.

lacs des lacs.

lai frere lai.
laid laide.
laie femelle du ſanglier.
lait laitage.
les article.
lez St. Germain-lez-Paris.
legs un legs.

laiche mauvaiſe herbe.
lèche tranche fort mince.

lande grande étendue de terre en [illegible]
lende oeuf de p[illegible] dit mieux *lente*.
Landes province.

Laon ville.
lent lente.

lice ſubſtantif.
liſſe adjectif.

lie de tonneau.
lit où l'on couche.
lis je lis; fleur de lis.
ly meſure itinéraire de la Chine.

lieu endroit.
[illegible] eſpace de chemin.

lion[illegible] anim[illegible]
[illegible] [illegible]

[illegible]

lyre instrument de musique.
lissé Verbe ; poli, unie.
lice lieu préparé pour la course ; femelle de chien de chasse.

lods droit de lods.
los louange, vieux mot.
lot gagner un lot.

Lord titre d'honneur en Angleterre.
lors lors de la réceptio[illegible]

Loup animal.
loue je loue.

lute te[illegible] de Chimiste ; Verbe.
Luth instrument de musique.

M.

Ma Mon, ma.
mat matte ; échec & mat.
mât de Vaisseau.

main la main droite.
maint mainte.
Mein le Mein, Rivière.

maine le maine.
mene je mene.

Maire le Maire du palais, de la ville.
mere celle qui donne la vie.
Mer la Mer.

mais	Conjonction.
mes	mon, ma, mes.
mets	je mets; ce qu'on ſert ſur table.
Metz	Ville.
Maître	Propriétaire; Chef; Expert en quelque Art.
mètre	meſure, vers.
mettre	Verbe.
mâle	du ſexe maſculin.
malle	coffre.
Mandat	ſubſtantif.
manda	il manda.
manes	les manes, les ombres.
Manne	drogue. Manne des Iſraélites. panier d'oſier.
mante	grand manteau.
Mantes	Ville.
Menthe	plante.
mente	du Verbe *mentir*.
maraud	maraude.
Marot	Clément Marot.
marchand	marchande.
marchant	du Verbe *marcher*.
mari	époux.
Marie	nom propre.

marri	fâché.
masse	amas de plusieurs parties qui font un corps ; c'est aussi le nom d'une plante.
mâsse	somme d'argent qu'on met au jeu.
mater	quelqu'un , l'humilier.
mâter	un Vaisseau.
mâtin	gros chien.
matin	la premiere partie du jour.
maux	pluriel de *mal.*
Meaux	Ville.
mot	parole.
mœurs	bonnes mœurs.
meurs	je meurs.
moi	Pronom.
mois	les 12 mois de l'année.
mole	substantif.
molle	mou , molle.
mon	mon, ma { Montagne nom, d'*homme*.
mont	montagne { *montagne* une *montagne*.
mords	je mords.
mors	mors de cheval.
mort	morte ; la mort.
mou	molle ; mou de veau.
mouds	je mouds.

moue grimace.
moût vin nouvellement fait.

mur muraille.
mûr mûre.

mule pantoufle.
mules angelure.

musc animal & parfum.
musque je me musque, il se musque.

mire Verbe : je mire.
myrrhe gomme.

N.

Né née.
nez partie du visage.

négligeant gérondif.
négligent adjectif.

Ni invariable.
nid substantif.

nœud faire un nœud.
neuf personnes.

noye Verbe.
noix fruit.

nom qui a rapport avec *nommer*.
non négation.

none	une des heures canoniales
nones	terme de calendrier romain.
nonne	religieuse.
notre	notre cheval.
nôtre	votre bien & le nôtre.
nu	nue.
nue	nuage.
nuit	la nuit.
Nuits	Ville.

O.

Oint	du Verbe *oindre*.
oing	du vieux oing.
olivète	plante.
olivettes	danse Provençale.
ombre	obscurité ; terme de mythologie.
hombre	jeu.
on	pronom général.
ont	Verbe, ils ont.
or	substantif ; particule qui sert à lier un discours.
ord	orde, vieux mot d'où vient *ordure*.
ort	peser ort, c'est-à-dire avec l'emballage.
hors	préposition.
ordinand	celui qui doit recevoir les ordres sacrés.
ordinant	celui qui les confere.

oubli	manque de souvenir.
oublie	sorte de pâtisserie.
Oui	opposé de non.
ouï	du Verbe ouïr.
ouïe	un des cinq sens.

P.

Padou	ruban.
Padoue	Ville.
paire	couple.
pere	celui à qui on doit la vie.
pair	égal ; titre.
pers	perse.
perds	Verbe : je perds.
pain	aliment.
peint	peinte.
pin	arbre.
pais	Verbe
paix	opposé de *guerre*
pet	vent.
palais	de la bouche : grand palais.
palet	jouer au palet.
pale	substantif.
pâle	adjectif.
Pan	Dieu des Bergers.
pan	de mur, de robe.

paon	oiſeau.
pende	verbe.
panſe	ventre.
penſe	du Verbe *penſer.*
panſer	une plaie ; un cheval.
penſer	réfléchir.
par	prépoſition.
part	ſubſtantif.
parant	qui pare.
parent	de même famille.
paroiſſe	Verbe.
pareſſe	fainéantiſe.
pari	gageure.
parie	Verbe, je parie, il parie.
Paris	Ville.
parois	ſorte de cloiſon ; on le dit auſſi pour exprimer la ſurface d'un vaſe.
paroir	inſtrument de maréchal.
parti	ſu[illegible]f maſculi[illegible]
partie	ſubſtantif féminin.
pau[illegible]	de la main ; Jeu.
pomme	fruit.
pauſe	ſubſtantif.
poſe	du verbe *poſer.*
peau	de la main.

Pô Fleuve.
pot de terre.

[illegible] manquer.
[illegible] prendre des poissons : Arbre.
[illegible] masculin de pécheresse.
[illegible] qui fait profession de pêcher du poisson.

peine douleur.
pêne la pêne d'une serrure.

peinte féminin de *peint*.
pinte mesure.

persan terme d'architecture qui est de la perse.
perçant du verbe percer.
pesse arbre ; espece de pin.
paisse verbe : qu'il paisse.

perce verbe ; tonneau en perce.
perse Royaume.
perse féminin de pers.

peu opposé à *beaucoup*.
peux Verbe.
pilori où l'on a [illegible]es infâmes ; il se dit
aussi de la place où est situ[illegible]e pilori.

piloris rat musqu[illegible] Anti[illegible]

plaid terme de prati[illegible]
plaie blessure.
plais verbe.

plain plaine ; uni.

plaint	plainte, du verbe *plaindre.*
plein	pleine, rempli.
plan	d'un ouvrage ; plan ; plane.
plant	d'arbre.
poids	pesanteur.
pois	légume.
poix	matiere gluante.
Poix	Ville.
poing	main fermée.
point	dans tout autre sens.
pou	vermine.
pouls	mouvement des arteres.
pouce	un des doigts de la main ; mesure.
pousse	Verbe : Je pousse.
pressis	jus qu'on fait sortir en pressant.
[illegible]	par-tout ailleurs.
prémices	les premiers fruits.
prémisses	termes de logique.
présidant	gerondif.
président	substantif.
pr[illegible]	[illegible]éposition.
pr[illegible]	[illegible]rête, prêt d'argent.
prou	[illegible] beaucoup ; vieux mot.
proue	de Vaisseau.

Puy	Le Puy, Ville.
puits	trou profond.
puis	Verbe *je puis*.

R.

	Ligne ; poiſſon.
r[illegible]	ne ſe ſoucier ni des *rais* ni des tondus.
rez	rez terre.
rets	filets.
Reine	femme du Roi.
rênes	d'un cheval.
renne	quadrupede.
Rennes	Ville.
rang	ſubſtantif.
rends	Verbe : *je rends*.
ras	poil ras.
rat	animal.
réduis	Verbe : *je réduis*.
réduit	retraite.
refend	mur ; bo[illegible] refend.
refends	Verbe : *je refends*.
regrès	[illegible]me de [illegible]
regrets	déplaiſir.
reins	les reins[illegible]
Rhin	fleuve.

reinette

reinette	pomme.
rénette	instrument de maréchal.
repaire	retraite des bêtes féroces.
repere	terme commun à plusieurs métiers.
requin	gros poisson de mer.
requint	droit de requint.
résident	qui réside.
Résident	le Résident de Geneve.
ris	Verbe : *je ris.*
riz	grain.
rit	ordre des cérémonies.
roc	masse de pierre très-dure.
Roch	Saint Roch.
romps	Verbe : *je romps.*
rond	ronde.
rôt	rôti.
rot	ventosité.
roue	du Verbe *rouer*; substantif.
roux	rousse.
rubicond	rubiconde.
Rubicon	riviére.
raisonner	discourir.
résonner	retentir.

S.

Saba	la Reine de Saba.
ſabbat	le ſabbat des Juifs.
ſale	mal propre.
ſalle	appartement.
ſaur	hareng ſaur.
ſors	Verbe : *je ſors.*
ſort	deſtinée.
ſaut	action de ſauter.
ſceau	cachet.
ſeau	à puiſer.
ſot	ſotte.
ſeime	maladie du pied du cheval.
ſeme	Verbe : *je ſeme.*
ſcel	à cacheter.
ſel	à ſaler.
ſcion	petit rejetton d'un arbre.
Sion	montagne.
ſeoir	Verbe qui a vieilli.
ſoir	partie du jour.
ſceptique	qui doute de tout.
ſeptique	terme de médecine.
ſerein	le ciel ſerein ; le ſerein tombe.
ſerin	oiſeau.

ſon	pronom poſſeſſif.
ſont	Verbe : *ils ſont.*
ſonnet	piece de vers.
ſonnez	terme de trictrac.
ſou	monnoye.
ſoûl	raſſaſié.
ſous	prépoſition.
ſubi	participe de *ſubir.*
ſubit	ſubite.
ſuccin	l'ambre jaune.
ſuccinct	diſcours ſuccinct.
ſur	aigrelet : prépoſition.
ſûr	certain.
ſurtout	juſtaucorps fort large ; grande piece de vaiſſele qu'on place au milieu des tables.
ſur-tout	adverbe.

T

Talion	punition pareille à l'offenſe.
taillon	ſeconde taille.
taie	d'oreiller; à l'œil.
tais	je tais.
tes	pluriel de ton.
têt	morceau de pot caſſé.

N 2

tain	de miroir.
teint	du visage, participe de *teindre.*
thym	plante odoriférante.
tan	pour préparer les gros cuirs.
tant	Adverbe.
tems	le tems.
tends	Verbe : *je tends.*
tante	parente.
tente	pavillon : Verbe.
tas	amas.
ta	féminin de *ton.*
taux	prix établi.
tôt	tôt ou tard.
terme	borne ; expression.
thermes	édifices pour les bains.
taon	grosse mouche.
thon	poisson de mer.
tonds	je tonds, Verbe.
ton	pronom possessif; inflexion de voix.
tir	terme de guerre.
Tyr	la Ville de Tyr.
tirant	du Verbe, *tirer.*
tyran	Roi cruel.
tiran	oiseau du Brésil.
toi	pronom.
toit	couvert

tords	je tords : Verbe.
tors	torse.
tort	dommage.
tout	toute.
toux	petite maladie.
trais	je trais : Verbe.
trait	ligne ; action.
très	très-humble.
tribu	les douze tribus.
tribut	impôt.
trot	aller au trot.
trop	Adverbe.

V.

Vain	vaine.
vin	liqueur.
vingt	nom de nombre.
Vair	terme de blason.
ver	insecte.
vers	préposition.
vert	verte.
vais	je vais, du Verbe *aller.*
vêts	je vêts, du Verbe *vêtir.*
vaux	je vaux ; par monts & par vaux.
veau	le petit d'une vache.
vos	pluriel de *vôtre.*

van	crible.
vends	je vends.
vent	air agité.
veſce	eſpece de grain.
veſſe	ventoſité.
vice	défaut.
viſſe	il falloit que je viſſe.
veux	je veux ; Verbe.
vœu	Subſtantif.
Ville	Cité.
vile	féminin de *vil.*
voye	chemin ; moyen.
vois	je vois ; Verbe.
voix	en fait de langage.
vu	participe du Verbe *voir.*
vue	la vue.

DE LA PRONONCIATION.

NOus avons inſéré quelques regles de la prononciation dans celles de l'Orthographe. Mais celles-ci méritant d'être miſes dans un plus grand jour, nous ſommes bien aiſes de les donner ſéparément.

On convient, généralement, qu'il y a deux ſortes de prononciation ; l'une pour la converſation, l'autre pour les vers & le diſcours ſoutenu. On convient également que dans les vers & dans les diſcours prononcés en public, on fait ſentir la plupart des conſonnes finales, quand le mot ſuivant commence par une voyelle ou une *h* muette ; & que le contraire s'opere dans la converſation.

Exemple:

Le faux eſt toujours fade, ennuyeux, languiſſant.
Aimez avec reſpect, ſervez avec amour
Ceux de qui vous tenez la lumiere du jour.

Il faut prononcer *le ſau ʒeſt toujours*; *aimé ʒavec* ; *ſervé ʒavec* , &c. & dans les vers ſuivans faits à Madame du B***.

> Vous charmez tout, adorable glycère,
> Et ſans employer aucun art,
> Vous enchaînez à votre char
> Le Magiſtrat, l'Abbé, le Militaire.

PRONONCEZ:

> Vous charmez *tou tadorable* glycère.
> Et *ſan ʒemployé raucu nart*
> Vous *enchaîné ʒa votre char*, &c.

Dans la converſation on dira *le ſau eſt toujours ennuyeux*, &c. *aimé avec reſpect*, *ſervé avec amour*, &c.

Et dans ces deux vers:

> On ſoumet les deſirs qui ſont bien combattus,
> Et les vices détruits ſe changent en vertus.

Prononcez: *ſe change ten vertus*: & dans la converſation, on prononce: *Les vices détruits ſe change en vertus.*

L'*e* muet final, & ſuivi d'un mot qui commence par une conſonne, doit ſe prononcer plus fortement dans les vers qu'il ne se prononceroit dans la prose.

> Des dons extérieurs l'uniformité lasse ;
> Mais l'esprit a toujours *une* nouvel*le* grace.

Ces mots, *une nouvelle*, doivent être prononcés dans ce vers comme fesant cinq syllabes. Dans la prose au contraire; les mots *une nouvelle*, se prononcent comme s'ils ne fesoient que trois syllabes.

Dans la prose, les voyelles *ia*, *ie*, *io*, *ian*, *ion*, *&c.* ne forment ordinairement qu'une syllabe. Dans les vers au contraire elles forment presque toujours deux syllabes. Dans la prose, le mot *Passion* est de deux syllabes: ce même mot dans les vers est de trois syllabes; comme,

> 1 2 3 4 5 6 7 8 9 10 11 12.
> A peu de passion suffit peu de richesse.

Nous allons parcourir les assemblages de voyelles, qui dans les vers, doivent se prononcer en une ou en deux syllabes.

Ia forment ordinairement deux ſyllabes; comme, *Di-ademe*, *oubli-a*, *&c.* Excepté dans *Diable*, *fiacre*, *liard*, *familiarité*, *familiariſer.*

1 2 3 4 5 6 7 8 9 10 11 12
Il craint de perdre un li*ard*, il ne cede à perſonne.

1 2 3 4 5 6 7 8 9 10 11 12.
Avec certaines gens, il ſe famili*a*riſe.

Ie, quand l'*e* ſonne, ne forme ordinairement qu'une ſyllabe, comme, *Ciel*, *amitié*, *premiere*, *Baviere*, *&c.*

Mais *ie*, *iai*, *ioi*, ſont de deux ſyllabes dans les Verbes en *ier*; comme, *Purifi-er*, *étudi-er*, *vous déli-ez*, *je déli-ai*, *confi-ai*, *confi-ois*, *déli-ois.*

Connoiſſez l'homme à fond, étudiez ſon cœur:
Conſultez ſes penchants, ménagez ſon humeur.

La vertu s'avilit à ſe juſtifi*er*. *Voltaire.*

Iez ſont auſſi de deux ſyllabes, dans *vous ri-ez*, *vous ſouri-ez*: dans les noms & les Verbes où *ie* ſont ſuivis d'un *t*; comme, *Impi-é-té*, *inqui-et*, *inqui-é-ter*, dans *maté-*

ri-el, *eſſenti-el*, & quelques autres mots en *iel* de plus d'une ſyllabe.

Iez venant des Verbes en *er* ſont d'une ſyllabe, pourvu qu'avant *iez* il n'y ait point *br*, *dr*, *tr*, *vr*. *Parliez*, *deviez*, *vouliez* ne font que deux ſyllabes; mais *voudri-ez*, *mettri-ez*, *ouvri-ez*, ſont trois de ſyllabes. En ce cas *ie* forment auſſi deux ſyllabes dans les noms ; comme, *ouvri-er*, *marbri-er*, *coudri-er*.

Ion forment auſſi deux ſyllabes, 1°. dans les Verbes en *ier*; comme, *nous étudi-ons*, *nous ri-ons*, *nous purifi-ons*. 2°. Dans les noms, comme, *paſſion*, *création*, *action*, *&c.* 3°. Dans tous les Verbes où ces lettres ſont précédées d'une conſonne & d'une *r*; comme, *nous marbri-ons*, *nous perdri-ons*, *nous ouvri-ons*, *nous mettri-ons*, *nous ſouffri-ons*.

Hier eſt quelquefois d'une, mais plus communément de deux ſyllabes. *Hier* eſt toujours d'une ſyllabe dans *avant-hier*.

Iai, de deux ſyllabes dans *Ni-ais*, mais

comme on veut, dans *biais*, *biaiſer.*

Iau, *ieu*, communément de deux ſyllabes; *mi-auler*, *pi-eux*, *&c.* Mais *ieu* ne ſont que d'une ſyllabe dans *Cieux*, *Dieu*, *lieu*, *Lieutenant*, *milieu*, *mieux*, *pieu*, *épieu*, *eſſieu*, les *yeux.*

Ian & *ien* (quand ces lettres ont le même ſon qu'*ian*) forment deux ſyllabes; comme, *Etudiant*, *friand*, *client*, *patience*, *expédient*, *&c.* excepté *viande.*

Ien, ces lettres ſe prononçant comme dans *bien*, ne forment qu'une ſyllabe dans les ſubſtantifs, dans les pronoms poſſeſſifs, dans les Verbes & les Adverbes. Exemples: *maintien*, *le mien*, *le ſien*, *le tien*, *je viens*, *je tiendrai*, *rien*, *combien*, &c. excepté *lien* qui vient du Verbe *li-er.*

Ien ſont de deux ſyllabes à la fin des adjectifs, & des mots qui marquent l'état, la profeſſion, le pays; comme, *Anci-en*, *gardi-en*, *Grammairi-en*, *Aſſyri-ens*, *Athéni-ens*, *&c.* excepté *Chrétien.*

Io, communément de deux ſyllabes;

comme, *Di-oceſe*, *vi-olon*, *vi-olenter*. On peut excepter *fiole*, *pioche*.

Oe, d'une ſyllabe dans *Boete*, *coeffe*, *moelle*, *poele*. *Oe* de deux ſyllabes dans *Po-éſie*, *po-eme*, *po-ete*, *po-étique*, &c.

Oi, *oin*, comme dans *Roi*, *emploi*, *boire*, *toiſon*, *embonpoint*, *appointer*, *ſoin*, ne ſont que d'une ſyllabe.

Oue, *ue*, quand l'*e* ſonne, & *oui*, forment deux ſyllabes; comme, *Lou-er*, *avouer*, *jou-er*, *du-el*, *attribu-er*, *tu-é*. Excepté *ſouet*, *ſouetter*.

Oui : *Eblou-ir*, *Lou-is*, *jou-ir*, *l'ou-ie*, Excepté *bois*, *oui* (*ita.*) particule affirmative.

Ueu à la fin des adjectifs ; ſont deux ſyllabes, même en proſe, *vertu-eux*, *ſomptu-eux*.

Ui ne ſont que d'une ſyllabe; comme, *Lui*, *muids*, *puits*, *conſtruire*, *aiguiſer*. Excepté *ru-ine*, *rui-ner*, *bru-ine*, *continu-ité*, *contigu-ité*, *ingénu-ité*, *perpétu-ité*.

Dans les quatre derniers mots *ui* ſont de deux ſyllabes, même en proſe.

Ua, *uo*, ſont de deux ſyllabes, quand il ne ſont pas précédés d'un *g* ou d'un *q*; comme, *Il ſu-a*, *il attribua*, *il tu-oit*; *nous ſu-ons*, *attribu-ons*; *ſomptuoſité*.

Mais *ua*, *uo*, ne font qu'une ſyllabe, dans *Il vogua*, *nous voguâmes*; *il manqua*, *nous marquâmes*; & même l'*u* ne s'y fait pas ſentir, & l'on prononce, *Il voga*, *nous markâmes*; *&c.* Cette prononciation a lieu pour la proſe.

Remarque. *Ua*, *ue*, *uo*, forment des diphtongues dans la converſation, quand les mots n'ont que deux ſyllabes, *Il ſua*, *il tua*, *il a ſué*, *il a tué*, *il tuoit*, *il ſuoit*, *&c.*

Ua, *ue*, *uo*, ſont auſſi quelquefois diphtongues dans les mots qui ont plus de deux ſyllabes, comme *continuer*, *il continua*, *nous continuons*, &c. Mais plus ſouvent ils ne ſont point diphtongues dans les mots qui ont plus de deux ſyllabes. *Il attribua* , *il a attribué* , *ſomptuoſité* , &c.

Il convient d'obſerver auſſi que dans le diſcours ſoutenu & ſurtout dans les vers, il faut prononcer avec douceur l'*r* qui eſt ſuivie d'une voyelle ou d'une *h* muette; & que dans la converſation on peut ne la point prononcer. Mais lorſque cette même conſonne ſe trouve à la fin des infinitifs des Verbes *er*, *ir* & qu'elle n'eſt ſuivie ni d'une voyelle, ni d'une *h* muette, ne la faites pas ſentir, exemples:

Prêter un corps, une ame à l'inſenſible toile,
Percer la nuit du tems, en *déchirer* le voile,
Déchiffrer d'un œil ſûr, tout ſon livre effacé,
Prédire l'avenir, & ſavoir le paſſé;
Avec l'aimant fidele au pôle qui l'attire,
Se frayer un chemin ſur le liquide empire.....
Montgolfier a paru, l'ouvrage eſt conſommé.
Sur un globe fragile en Vaiſſeau transformé;
L'homme va *parcourir* les plaines aſurées,
De ſon étroit Domaine *agrandir* les contrées,
Et dans l'onde Céleſte, heureux Navigateur,
Cotoyer chaque pôle & *franchir* l'équateur.

L'on voit qu'il faut prononcer *percer la*

nuit, *déchirer* le voile, *prête-r un corps* &c. ſe *fraye run* chemin, *agrandir*, *cotoyer*, *franchir*, *parcourir*, & dans la converſation : *percé la nuit* ; *déchiré le voile*, *déchiffré* d'un œil ſûr, *parcouri les plaines*, *agrandi les contrées*, *côtoyé chaque pôle*, *franchi l'équateur*, *prêté run corps*, *ſe frayé run* chemin, *ou prêté un corps*, *ſe frayé un chemin*.

En général les conſonnes finales ne doivent pas ſe faire ſentir. Ainſi quoique vous écriviez *le tems*, *jamais*, *eux*, *ceux*, *les fleurs de Lis* & autres ſemblables, prononcez : *le tem*, *jamai*, *eu*, *ceu*, *les fleurs de li*, &c.

Des prononciations vicieuſes.

Preſque dans toutes les Provinces de la France & dans Geneve, beaucoup de perſonnes diſent :

Entre quatre zieux, *pour* entre quatre yeux,
Eclairer le feu, la chandelle, *pour* allumer le feu la chandelle.

Il eſt tant bon, *pour* il eſt ſi bon.
Il eſt après écrire, *pour* il écrit.
Comment s'appelle-t-il déja, *pour* comment s'appelle-t-il.
Voyez voir, écoutez voir, *pour* voyez ; écoutez.
Cocombre, *pour* concombre.
Chevillière, *pour* ruban de fil.
Bonnette, *pour* coiffe de bonnet.
Hommes de vignes, *pour* hommée de vignes.
Pain enchanté, *pour* pain à cacheter.
Pariure & batture, *pour* pari & batterie.
Décidament, *pour* décidément.
Gentil, *pour* laborieux.
Pache & talent, *pour* convention & métier.
Flotte de fil, de ſoie, *pour* écheveau de fil, de ſoie.
Liſſieu, *pour* leſſive.
Nine & breline, *pour* naine & berline.
Je me remue, *pour* je déménage, *&c.*

Ne dites point *il s'eſt en allé :* mais *il s'en eſt allé.*

Chaque pays a ſes vices de langage & les aura toujours : & les perſonnes deſtinées à l'éducation des jeunes gens devroient avoir ſoin de faire un tableau des fautes locales. Par cette voie on leur éviteroit, dans un âge plus avancé, les mauvaiſes plaiſanteries qu'ils éprouvent quelquesfois dans la ſociété.

DE LA PROSODIE.

PAR ce mot, *Prosodie*, on entend la maniere de prononcer chaque syllabe réguliérement.

Nous pouvons dire que M. l'Abbé d'Olivet est appelé, à juste titre, le restaurateur de notre Prosodie. Et nous ajouterons même, avec un critique judicieux, que de tous les ouvrages qui sont sortis de la plume de cet Ecrivain, le meilleur est, sans contredit, celui qui a pour titre : *la Prosodie françoise.* En effet, il est aisé d'y reconnoître un Grammairien habile qui développe avec sagacité le génie & la prononciation de notre langue.

On s'efforceroit donc en vain, de vouloir renchérir sur ce célebre Prosodiste. Nous allons donner, en extrait les regles qu'exige chaque syllabe prise à part. Elles ont été puisées dans son ouvrage qui est d'une grande utilité pour les étrangers &

les nationnaux, & qui peut être regardé comme le principal fondement de sa réputation.

I. *De l'A.*

Quand il se prend pour la premiere lettre de l'alphabet, il est long : *un petit* a, *une panse d'*a, *il ne sait ni* a *ni* b.

Quand il est préposition, il est bref : *je suis* a *Paris*, *j'écris* a *Rome*, *j'ai donné* a *Paul* ; & de-même quand il vient du Verbe avoir : *il* a *de beaux livres*, *il* a *été*, *il* a *parlé*.

Par ces deux articles, on voit quel'A se prononce de deux manieres : car il est ouvert & long dans le premier ; il est fermé & bref dans le second. Mais entre ces deux sons il y en a un mitoyen, qui pour l'ordinaire rend la syllabe douteuse.

Au commencement du mot, l'A est long & ouvert, dans *acre*, *age*, *agnus*, *ame*, *ane*, *anus*, *apre*, & leurs dérivés. Hors de-là il est toujours bref & fermé, soit que tout seul il compose la premiere syllabe du mot, comme dans *apôtre* ; soit qu'il soit suivi d'une consonne redoublée, comme dans a*pprendre* ; soit que les consonnes soient différentes, comme dans a*ltéré*.

A la fin du mot il est fermé, & très-bref dans les prétérits, & dans les futurs : *il aima*, *il aimera*, *il chanta*, *il chantera*. Dans l'article *la*. Dans les pronoms *ma*, *ta*, *sa*. Dans les Adverbes, *ça*, *la*, *déja*, *oui-da*. Et dans quelques mots du langage familier, *papa*, *dada*, *falbala*, &c. Mais il est un peu plus ouvert, & par conséquent un peu moins bref, dans la plupart de nos autres substantifs, empruntés de langues étrangeres : *sofa*, *hoca*, *Opéra*, *duplicata*, *agenda*, *& cætera*. Comme aussi dans la plupart des noms propres anciens, ou étrangers : *la Reine de Saba*, *Dalila*, *Cinna*, *Attila*, *le Canada*, *les Eaux de Spa*.

ABE. Bref dans *syllabe*. Long dans *Arabe*, & *Astrolabe*.

ABLE. Douteux dans tous les adjectifs : *aimable*, *raisonnable*, *capable* ; & dans ces deux substantifs, *table*, *étable*. Long dans les autres substantifs : *cable*, *fable*, *diable*, *rable*, *érable*, *sable* ; & dans ces Verbes, *on m'accable*, *je m'ensable*, *il hable*.

ABRE. Toujours long : *sabre*, *cinabre*, *il se cabre*, *tout se délabre*. Et cette syllabe conserve sa longueur dans la terminaison masculine : *se cabrer*, *délabré*.

AC. Toujours bref, soit que le c ne se prononce pas, comme dans *almanach*, *tabac* ; soit qu'il se prononce, comme dans *lac*, *bac*, *tillac*, *sac*, &c.

Il est à remarquer, que les pluriels de tous les mots, dont la terminaison est masculine, sont longs : *des almanachs*, *des sacs*.

ACE. Long dans *grace*, *espace*, *on lace Madame*, *on la délace*, *on entrelace ses cheveux de perles*. Hors de-là, toujours bref : *audace*, *glace*, *préface*, *tenace*, *vorace*, &c.

Ache. Long dans (*) *lâche*, *tâche* entreprise, *gâche*, *relache*, *je mache*, *on me sache*. Et la même quantité se conserve avec la terminaison masculine: *macher*, *relacher*, &c. Hors de-là, bref: *tache* souillure, *moustache*, *vache*, *il se cache*, &c.

Acle. Toujours long: *oracle*, *miracle*, *tabernacle*, *spectacle*, &c.

Acre. Long dans *acre*, piquant, & dans *sacre*, oiseau. Bref dans tout le reste: *Diacre*, *nacre*, acre de terre, le *Sacre* du Roi, &c.

Ade. Toujours bref, *aubade*, *cascade*, *il persuade*, *il s'évade*, &c.

Adre. Bref dans *ladre*. Long dans *cadre*, *escadre*, *cela ne quadre pas*. Et cette syllabe est pareillement longue avec l'E fermé: *madré*, *encadrer*.

Afe. Aphe. Affre. Toujours brefs: *carafe*, *épitaphe*, *agraffe*, *safre*, *balafre*, &c.

Afle. Long, *rafle*, *j'érafle*. Et la même quantité se conserve quand l'E se ferme: *rafler*, *érafler*.

Age. Toujours bref, excepté dans le mot *age*, où il est long.

Agne. Toujours bref, excepté ce seul mot, je *gagne*, *gagner*.

Ague. Toujours bref: *bague*, *dague*, *vague*, *il extravague*, &c.

Ai, diphtongue. Quand elle rend le son d'un E ouvert, la syllabe est douteuse: *vrai*, *essai*. Mais brève,

---

(*) Pour montrer que ces syllabes sont longues, autrefois on écrivoit *lasche*, *tasche*, &c. Aujourd'hui du moins on n'y doit pas oublier l'accent circonflexe, *lâche*, *tâche*, &c.

quand le ſon approche plus de l'E fermé : *quai, geai, j'ai, je chantai.* Tous les pluriels longs, *vrais, eſſais, geais.*

AIE. Toujours long : *haie, plaie, vraie,* &c. Voyez, ſous la terminaiſon EE, la regle générale.

Mais elle n'a pas lieu à l'égard des mots, dont la derniere ſyllabe eſt mouillée : cette derniere ſyllabe alors n'étant pas compoſée de l'E muet tout ſeul, puiſqu'il y entre auſſi un I. Car l'Y dans *je paye, il bégaye,* tient lieu de deux I, dont l'un affecte une ſyllabe, & l'autre une autre ; comme ſi l'on écrivoit, *je pai-ïe, il bégai-ïe.* Et peu importe que la derniere ſoit féminine ou maſculine, la pénultième n'en eſt pas brève : *je pai-ie, il bégai-ïe, nous pai-ïons,* &c.

AIGNE. Toujours bref : *chataigne, je daigne, il ſe baigne, on le ſaigne,* &c.

AIGRE. Bref dans *aigre,* & *vinaigre.* Long dans *maigre.*

AIL. Toujours bref : *éventail, bercail, détail.* On appuie ſur le pluriel, *éventails, détails.*

AILLE. Bref dans *médaille,* & dans ces Verbes, *je détaille, j'émaille, je travaille, je bataille,* à l'indicatif. Mais long au ſubjonctif : *Qu'il travaille, qu'il bataille, rien qui vaille* ; & dans tous les autres mots ainſi terminés : *caille, bataille, funéraille, il raille, il rimaille,* &c.

AILLÉ. AILLER. Ils ſuivent la quantité de la terminaiſon précédente. Brefs dans *émailler, travaille,* &c. Longs dans tout le reſte : *maillé, débraillé, railler,* &c.

AILLET. AILLIR. Bref : *maillet, paillet, jaillir,*

assaillir. On n'entend que l'A dans les pénultièmes; & l'I n'y est que pour mouiller la consonne suivante : non plus que dans les trois articles précédens, & dans le suivant.

AILLON. Bref dans *médaillon*, *bataillon*, *nous émaillons*, *détaillons*, *travaillons*. Hors de-là il est long : *haillon*, *baillon*, *penaillon*, *nous taillons*, &c.

AIM. AIN. Douteux : *faim*, *pain*, *hautain*. Mais longs, suivis de deux ou plusieurs consonnes : *saint*, *crainte*, *sainte*, &c.

AINE. Long dans *haîne*, *chaîne*, *gaîne*, *je traîne*, & leurs dérivés. Hors de-là il est douteux : *fontaine*, *plaine*, *capitaine*, *hautaine*, *souveraine*, &c. Aussi la diphtongue AI se prononce-t-elle dans le premier cas, comme un E ouverts; car il n'y a nulle différence pour le son, entre *chaîne*, & *chêne*. Mais dans le second cas, elle approche plus de l'E fermé.

AIR. AIRE. Le premier est douteux au singulier : *l'air*, *chair*, *éclair*, &c. Long au pluriel : *les airs*, &c. Le second est long : *une aire*, *une paire*, *chaire*, *on m'éclaire*, &c.

AIS. AIX. AISE. AISSE. Tous longs : *palais*, *paix*, *fournaise*, *qu'il plaise*, *caisse*, *qu'il se repaisse*, &c.

AIT. AITE. Bref : *lait*, *attrait*, *il fait*, *parfaite*, *retraite*, &c. Il faut excepter, *il plaît*, *il naît*, *il paît*, & *faîte*, sommet. Les pluriels masculins, longs : *attraits*, *parfaits*, &c.

AL. ALE. ALLE. Toujours brefs : *royal*, *bal*, *moral*, *cigale*, *scandale*, *une malle*, &c. Il en faut excepter (*) ces mots : *hale*, *pale*, *un male*, *un rale*, *il rale*. Et quand la finale de ces mots eſt maſculine, leur pénultieme conſerve ſa longueur : *halé*, *paleur*, *raler*.

Am. Toujours long, quand l'm eſt ſuivie d'une autre conſonne : *champ*, *chambre*, *jambe*, *lampe*, *pampre*. Mais l'm étant redoublée dans *enflammer*, il eſt bref, ſelon la Regle qui veut que tout redoublement de l'm, & de l'n, abrege la ſyllabe. Regle qui ne ſouffre d'exceptions, que dans *flamme*, & *manne*, comme on le verra ci-deſſous : & même, à bien peu de choſe près, elle eſt générale pour toutes les conſonnes redoublées.

Ame. Amme. Toujours brefs : *Dame*, *eſtame*, *rame*, *épigramme*, *on le diffame*, *j'enflamme*, &c. Il en faut excepter *ame*, *infame*, *blame*, *flame*.

Joignez-y les prétérits en âmes : *nous aimâmes*, *nous chantâmes*, &c.

An. Très-bref dans *ruban*, *turban*, *bouracan*, *pélican*, *carcan*, *encan*, *ouragan*, *relan*, *elan*, *ortolan*, *merlan*, *brelan*, *taliſman*, *Pan*, *tympan*, *trépan*, *cran*, *écran*, *cadran*, *ſafran*, *bougran*, *tan*, *orviétan*, *Parmeſan*. Un peu moins bref dans les mots ſuivans, parce que l'a y eſt plus ouvert : *an*, *ban*, *océan*, *roman*, *vétéran*, *tyran*, *van*, *faiſan*, *artiſan*, *courtiſan*, *partiſan*, *payſan*, *alezan*, *bilan*, *plan*, *charlatan*. Tous les pluriels, longs : *romans*, *courtiſans*.

(*) On y mettoit autrefois un S muette, *paſle*, *maſle*, ou la voyelle s'y redoubloit, *raale*. Aujourd'hui un accent circonflexe.

Au milieu du mot, il allonge la ſyllabe : *blanche*, *danſe*, *chante*, &c.

Ane. Anne. Toujours brefs, *cabane*, *organe*, *panne*, &c. Il en faut excepter, *ane*, *crane*, *les Manes*, *de la manne*, *une manne*, & *je danne*, *je condanne*, qu'il eſt plus régulier d'écrire, *damne* & *condamne*, non ſeulement à cauſe de l'étymologie, mais de peur que la conſonne redoublée ne donne lieu de prononcer mal.

Ant. Toujours long : *cependant*, *élégant*, *le Levant*, *en ſe levant*, *en chantant*, &c. Mais dans ce mot, *comptant*, il y a cette différence, qu'employé comme participe actif, ou comme gérondif, il eſt long : *je me ſuis trompé en comptant de l'argent* ; & il eſt bref, quand on l'employe ſubſtantivement, ou adverbialement : *il a du comptant*, *j'aime à payer comptant*.

Ap. Toujours bref, ſoit que le p ſe prononce, *cap*, *hanap*, ſoit qu'il ne ſe prononce point, *drap*.

Ape. Appe. Toujours brefs : *Pape*, *ſappe*, *frappe*. Exceptez *rape*, *rapé*, & *raper*, où l'a eſt ouvert & long.

Apre. Il n'y a ſous cette terminaiſon, que *capre*, & *apre*, qui ſont longs.

Aque. Acque. Toujours brefs, à l'exception de *Paques*, & *Jaques*.

Ar. Très-bref, quand il eſt final, ou ſuivi d'un c : *nectar*, *car*, *par*, *Céſar*, *arc*, *parc*. Un peu moins bref ; quand il eſt ſuivi d'un d ou d'un t final : *art*, *dard*, *part*, &c. Tous les pluriels, longs : *Céſars*, *arts*, *remparts*, &c.

Au commencement, & au milieu du mot, quelque ſyllabe qui ſuive ; il eſt bref : *arche*, *marche*, *darder*, *farder*, *martial*, *artiſte*, *marge*, *épargne*, *il parle*, *arme*, *carpe*, *charge*, *barque*, *carte*, &c.

Are. Arre. Toujours longs : *avare*, *barbare*, *je m'égare*, *thiare*, *barre*, *bizarre*, &c. Mais le premier devient toujours bref, lorſqu'il n'eſt pas final, *avarice*, *barbarie*, *je m'égarois*. Au-lieu que l'autre conſerve ſa quantité : *barreau*, *barriere*, *je barrerai*, *larron*, *caroſſe*, *carriere*, &c.

Ari. Arie. Toujours brefs : *mari*, *pari*, *Marie*, *barbarie*. Exceptez *hourvari*, & *marri*, *marrie*.

As. Ordinairement long, car il y a peu de mots où l'A ne ſoit très-ouvert ſoit qu'on prononce l's, comme dans *Palais*, un *as* ; ſoit qu'on ne le prononce point, comme dans *tas*, *gras*, *tu as*, *tu joueras*. Quelquefois, dans la converſation ſur-tout, l'A de certains mots eſt fermé, & alors la ſyllabe eſt breve : *du taffetas*, *du cannevas*, *le bras*. Mais ces mêmes mots deviennent longs au pluriel, *de beaux taffetas*, *les deux bras*.

Ase. Toujours long : *haſe*, *Pegaſe*, *emphaſe*, *extaſe*, *raſer*, &c.

Asse. Toujours bref, excepté dans les ſubſtantifs, *baſſe*, *caſſe*, *claſſe*, *échaſſe*, *paſſe*, *naſſe*, *taſſe*, *ſavantaſſe*, *chaſſe* de Saint, & *maſſe*, terme de jeu ; dans les adjectifs féminins, *baſſe*, *graſſe*, *laſſe* ; & dans ces verbes, *il amaſſe*, *enchaſſe*, *caſſe*, *paſſe*, *compaſſe*, & *faſſe*, avec leurs composés.

Tous ces mots conſervent leur quantité, lors même

qu'au-lieu de la terminaiſon muette ils en prennent une maſculine : *chaſſis*, *caſſer*, *paſſer*, &c.

Joignez-y la premiere & la ſeconde perſonne du ſingulier, avec la troiſieme du pluriel, terminées en *aſſe*, *aſſes*, & *aſſent*, au Subjonctif : *Que j'aimaſſe*, *que tu aimaſſes*, *qu'ils aimaſſent*. Mais dans ces autres perſonnes, *Que nous aimaſſions*, *que vous aimaſſiez*, la pénultieme, au-lieu d'être longue, eſt brève : le ſoutien de la voix étant tranſporté à la derniere, par des principes d'Harmonie, qu'on expliquera ci-après, en parlant de l'E muet.

ASTE. ASTRE. Toujours brefs : *faſte*, *chaſte*, *aſtre*, *pilaſtre*, &c.

AT. Long dans (*) ces ſubſtantifs : *bat* de mulet, *mat*, *appat*, *dégat* ; & dans les troiſiemes perſonnes du ſingulier au Subjonctif : *Qu'il aimât*, *qu'il chantât*, &c. Bref dans tous les autres ſubſtantifs, dans les adjectifs, & au Préſent de l'Indicatif : *avocat*, *éclat*, *plat*, *chocolat*, *on ſe bat*, &c.

ATE. ATES. Toujours brefs, excepté dans *hate*, *pate*, *il appate*, *il gate*, *il mate*, *il démate* ; & dans les ſecondes perſonnes du pluriel, terminées en *ates*, à l'Indicatif, *vous aimâtes*, *vous chantâtes*.

ATRE. ATTRE. Brefs dans *quatre*, & dans *battre*, avec ſes dérivés. Hors de-là, toujours longs : *idolatre*, *théatre*, *opiniatre*, &c.

AU, diphtongue. Quand il forme une ſyllabe ſuivie

(*) Auſſi ces ſyllabes, & celles de la terminaiſon ſuivante, prenoient-elles toutes autrefois une S muette. *baſt*, *maſt*, *qu'il aimaſt*, *vous aimaſtes*. On n'y doit pas oublier aujourd'hui l'accent circonflexe.

de la terminaiſon muette, il eſt long : *auge*, *autre*, *aune*, *aube taupe*. Il eſt long pareillement, lorſque dans la derniere ſyllabe du mot il eſt ſuivi d'une conſonne : *haut*, *chaud*, *chaux*, *faux*. Mais il eſt douteux, quand il précede une ſyllabe maſculine : *aubade*, *audace*, *autonne*, *augmenter*, *auteur*, & quand il eſt final, *Joyau*, *coteau*, &c.

Ave. Long : *entrave*, *grave*, *conclave*, *je pave*, &c. Mais lorſqu'au-lieu de la ſyllabe muette, il en fait une maſculine, la précédente eſt brève : *gravier*, *paveur*, *conclaviſte*, *aggraver*, &c.

Ax. Axe. Toujours brefs : *Ajax*, *thorax*, *paralaxe*, &c.

II. *De l'E.*

On diſtingue trois ſortes d'E, qui expriment divers ſens, & dont la différence eſt ſenſible dans *fermeté*, dans *honnêteté*. On appelle E *ouvert*, celui qui ſe préſente le premier dans ces deux mots : E *muet*, celui du milieu ; E *fermé*, celui qui eſt à la fin. On ne met point d'accent ſur l'E muet : on met l'aigu ſur le fermé : on met le grave ou le circonflexe ſur l'E ouvert ; & ſouvent on n'y en met point du tout, comme ici ſur la premiere ſyllabe de *fermeté*. (Voyez page 84, & 85.

Quand on dit E féminin, cela regarde uniquement l'E muet ; & quand on dit E maſculin, cela regarde indifféremment les deux autres.

A l'égard de l'E muet, il ſuffit d'en ſavoir deux choſes. La premiere, qu'il ne commence jamais un mot. La ſeconde, qu'il ne ſe trouve jamais en deux ſyllabes conſécutives : ou que s'il s'y trouve, comme dans quelques mots composés, tels que *revenir*, *remener*, *entretenir*, c'eſt du moins ce qui n'arrive jamais à la fin d'un mot. Ainſi les verbes, dont la pénultieme eſt muette à l'Infinitif, comme *appeller*, *peſer*, *mener*, *devoir*, *concevoir*, prennent dans les tems qui finiſſent par l'E muet, ou un E maſculin, ou la diphtongue OI. *J'appelle*, *il peſe*, *il mene*, *ils doivent*, *ils conçoivent*. *Prenez*, *ils prennent*. *Venez*, *qu'il vienne*. On dit *chapelain*, *chapelle*; *chandellier*, *chandelle*; *celui*, *celle*. Par la même raiſon, quoiqu'on diſe, *j'aime*, *je chante*, nous diſons, *aimé-je*, *chanté-je ?* Tel eſt le génie de notre Langue ; & l'on doit, ce me ſemble, conclure de ſon uniformité ſur ce point, qu'elle ne ſe gouverne nullement ſelon les Loix d'un uſage arbitraire & aveugle ; mais qu'elle a, de tems immémorial, conſulté les principes de l'Harmonie, qui demandent, ou que la pénultieme ſoit fortifiée, ſi la derniere eſt muette ; ou que la pénultieme ſoit foible, ſi la derniere eſt le ſiege ou ſe trouve le ſoutient de la voix.

Il n'eſt donc plus queſtion, à préſent, que d'examiner nos deux autres ſortes d'E, qui éprouvent auſſi leurs variations, non moins fréqnentes, mais moins réguliéres que celles de l'E muet. Car l'E peut-être plus ou moins ouvert. Il l'eſt peu dans *fermeté* : il l'eſt tout-à-fait dans *procès*. Or le ſiege de l'E tout-à-fait ouvert, ne peut jamais être que dans la derniere ſyllable maſculine, *procès*, *ſuccès*, *être*, *j'arrête*, *je m'apprête*. Mais ſi cette ſyllabe vient à être ſuivie d'une autre, qui ſoit auſſi maſculine, alors l'E devient entiérement fermé, comme dans *procéder*, *ſuccéder*, *j'ai été :* ou il ne s'ouvre que foiblement, comme dans *proceſſion*, *ſucceſſion*, *arreter*, *s'appreter :* deux mots qu'il n'eſt pas aiſé de bien accentuer, & que nos peres auroient ſans doute écrit, ainſi, *arretter*, *s'appretter*, s'ils n'avoient pas craint de nous expoſer à en faire les pénultiemes trop breves, par le redoublement de la conſonne.

Aucun de nos mots, à l'exception d'*être*, ne commence par un E tout-à-fait ouvert. Aucun n'eſt terminé ainſi. Dans tous nos autres mots, l'E initial, ou final non muet, eſt fermé, & toujours bref : à moins qu'on ne regarde comme un ſon mitoyen, *vous êtes*, dont je parlerai en ſon lieu.

EBLE. EBRE. EC. ECE. Toujours brefs : *hieble*, *funebre*, *bec*, *niece*. Les pluriels maſculins, longs : *les Grecs*, *les échecs*, &c.

ECHE. Long, & très ouvert dans *beche*, *leche*, *grieche*, *peche* action de pêcher, *peche*, fruit, *reveche*, *il empeche*, *il dépeche*, *il preche*. Bref, & peu ouvert, dans *caleche*, *fleche*, *flammeche*, *creche*, *ſeche*, *breche*, ou *peche*, lorſqu'il ſignifie, on fait un péché.

ECLE. ECT. ECTE. EDE. EDER. Tous brefs : *ſiecle*, *reſpect*, *inſecte*, *tiede*, *remede*, *ceder*, *poſſeder*, &c.

EE. C'eſt une Regle générale, & qui regarde également les autres voyelles, Que tous les mots qui finiſſent par un E muet, immédiatement précédé d'une voyelle, ont leur pénultieme longue : *penſee*, *aimee*;

je lie, je me fie; joie, j'envoie; je loue, il joue; je mue, il mue.

Mais, si dans tous ces mêmes mots, l'E muet se change en un E fermé, alors la pénultiéme, de longue qu'elle étoit, devient breve : *lier, joyeux, louer, muer*, &c.

EG. EGGE. Le premier est bref au singulier, *bref, chef*, & long au pluriel, *chefs*. Le second est long: *greffe*.

EFFLE. Il est long dans *neffle*, & bref dans *treffle*.

EGE. EGLE. Le premier, long: *sacrilege, college, siege*, &c. L'autre, bref: *regle, seigle*, &c.

EGNE. EIGNE. Le premier est long : *regne, douegne*. L'autre, bref : *peigne, enseigne, qu'il feigne*, &c.

EGRE. EGUE. Bref: *Negre, integre, begue, collegue, il allegue*, &c.

EIL. EILLE. Bref: *Soleil, sommeil; abeille, vermeille*. Il n'y a d'excepté que *vieille, vieillard, vieillesse*.

EIN. EINT. Douteux au singulier : *dessein, serein, atteint, dépeint*. Longs au pluriel, *sereins, dépeints*.

EINE. Douteux : *veine, peine*, &c. Ce seul mot, *Reine*, est long.

EINTE. Toujours long, *atteinte, dépeinte, feinte*, &c.

EITRE. Nous n'avons qu'un mot ainsi terminé, *Reitre*, long.

EL. Toujours bref : *sel, autel, cruel*. Les pluriels sont longs.

El. Elle. Long, & très-ouvert (*) dans *zele*, *poele*, *frele*, *pele-mele*, *grele*, *il mele*, *il se fele.* Hors de-là, bref, & presque fermé : *modele*, *fidele*, *rebelle*, *immortelle*, &c.

Mais cela n'empêche pas que dans le chant, & dans la déclamation soutenue, on n'allonge quelquefois ces finales. Ainsi on dira bien, *des amours éternelles*, quoiqu'on doive toujours dire d'*éternelles amours.* Voyez sous la terminaison Otre, ci-après.

Em. En. Au milieu du mot, ils allongent la syllabe, quand ils sont suivis d'une consonne autre que la leur : *temple*, *exemple*, *prendre*, *gendre*, *décadence*, *évidence*, *tenter*, *cimenter*, &c. Mais si leur consonne est redoublée, ils suivent la Regle générale, dont il a été parlé sous la terminaison Am, ci-dessus.

A la fin du mot, ils sont brefs : *item*, *Bethléem*, *amen*, *hymen*, *examen*, &c.

Eme. Douteux dans *creme.* Bref dans *je seme*, *il seme.* Long par-tout ailleurs : *bapteme*, *chreme*, *meme*, *diademe*, *apozeme*, &c.

Ene. Enne. Longs dans *chêne*, *cêne*, *scene*, *gêne*, *alene*, *rene*, *frene*, *arene*, *pene.* Brefs dans *phénomene*, *ébene*, *étrenne*, *qu'il prenne*, *apprenne*, &c. Douteux dans les noms propres : *Athenes*, *Diogene*, *Mécene*, &c.

Ent. Il est bref dans *accident*, *dent*, *argent*, *arpent*, *parent*, *serpent*, *torrent*, *content*, *présent*,

(*) Voilà pourquoi anciennement toutes ces longues prenoient une S muette, *poisle*, *mesle*, &c. Excepté *zele*, qui a toujours suivi l'étymologie.

vent, *moment*, *joliment*, &c. Mais douteux, quand il se prononce comme un A ouvert : *violent*, *ardent*, *opulent*, *Président*, &c. Tous les pluriels longs : *accidens*, *momens*, *violens*, &c.

EP. EPRE. Toujours longs : *guepe*, *crepe*, *Vêpres*. Exceptez *lepre*.

EPTE. EPTRE. Toujours brefs : *précepte*, *il accepte*, *sceptre*, *spectre*.

EQUE. ECQUE. Long dans *Evêque*, & *Archevêque*. Bref hors de-là : *Grecque*, *bibliotheque*, *obseques*, &c.

ER. Il est bref dans *Jupiter*, *Lucifer*, *éther*, *cher*, *clerc*, *cancer*, *pater*, *magister*, *frater*, & quelques autres, ou noms propres, ou noms étrangers. Il est bien plus ouvert, & long, dans *fer*, *enfer*, *léger*, *mer*, *amer*, *ver*, *hiver*. Il est douteux dans les Infinitifs ; car, si l'R est muette, il est bref ; *Aimer Dieu* ; mais si l'R sonne avec la voyelle suivante, comme il le faut dans les vers, il est long.

Mais je sais peu louer, & *ma Muse tremblante*, &c.

ERBE. ERCE. ERSE. ERCHE. ERCLE. ERDE. ERDRE: Tous brefs : *herbe*, *commmerce*, *traverse*, *cherche*, *cercle*, *perde*, *perdre*, &c.

ERD. ERT. Douteux au singulier : *vert*, *concert*, *ouvert*, *désert* ; & long au pluriel : *déserts*, &c.

ERE. Long, & l'E fermé : *chimere*, *pere*, *sincere*, *il espere*, &c.

ERGE. ERGUE. ERLE. ERME. ERNE. ERPE. Tous brefs : *asperge*, *exergue*, *perle*, *ferme*, *caverne*, *Euterpe*, *serpe*, &c.

ERR. Dans *erreur*, *terreur*, *errant*, *erroné*; *errata*, l'E eſt preſque fermé, & bref. Dans *terre*, *guerre*, *tonnerre*, *il erre*, *perruque*, *ferrer*, *terrain*, *nous verrons*, il eſt très-ouvert, & long. Dans *guerrier*, *terroir*, *terrible*, *atterrer*, *derriere*, *ferriere*, c'eſt un ſon mitoyen, qui rend la ſyllabe douteuſe.

ERS. Long, ou à cauſe de l'E ouvert : *univers*, *pervers*; ou par la nature du pluriel, *dangers*, *paſſagers*.

ERTE. ERTRE. ERVE. Tous brefs; *perte*, *alerte*, *tertre*, *verve*, &c.

ES. Long : *tu es*, *procès*, *progrès*; *ès*, *dès*, prépoſitions; *les*, *des*, *mes*, *ſes*, *tes*, *ces*, pronoms & articles.

Remarquons, que la ſimple converſation altere ſouvent la quantité de ces pronoms & articles. Car quelquefois l'E ouvert devient un E fermé devant les conſonnes : *lés Rois*, *lés Dames*; & quelquefois un E muet, devant les voyelles : *les-s-hommes*, *les-s-anges*. Mais ces libertés ne regardent que le diſcours familier, hors duquel il faut toujours ouvrir l'E : *lès Rois*, *lès Dames*, *lès hommes*, *lès anges*.

Quelques-uns écrivent ainſi les pluriels; *vous promenés*, *vous joués*, *vous chantés*. Quoi qu'il en ſoit, & de quelque maniere qu'on écrive ces pluriels, leur finale eſt longue, & doit s'écrire ainſi; *vous promenez*, *vous jouez*, *vous chantez*.

ESE. Long : *dioceſe*, *theſe*, *Geneſe*, *Voilà ce qu'il peſe*. Mais la pénultiéme de ce verbe devient brève, lorſqu'il eſt immédiatement ſuivi de ſon pronom : *combien peſe-t-il ?*

Esque. Bref : *romaneſque*, *burleſque*, *groteſque*, *preſque*, &c.

Esse. Long dans *Abbeſſe*, *profeſſe*, *confeſſe*, *preſſe*, *compreſſe*, *expreſſe*, *ceſſe*, *leſſe*, *on s'empreſſe*, *il profeſſe*. Hors de-là bref : *tendreſſe*, *pareſſe*, *careſſe*, &c.

Voyez, par rapport au chant & à la déclamation, ce qui a été dit ſous la terminaiſon Elle, ci-deſſus.

Este. Estre. Brefs : *modeſte*, *leſte*, *terreſtre*, *trimeſtre*, &c.

Et. Long (*) dans *arrêt*, *benêt*, *forêt*, *genet*, *pret* ſubſtantif, *prêt* adjectif, *appret*, *acquet*, *intérêt*, *tet*, *protet*, *il eſt*. Hors de-là bref : *cadet*, *bidet*, et conjonction, *ſujet*, *hochet*, &c. Tous les pluriels, longs : *arrêts*, *ſujets*, *bidets*, &c.

Ete. Long dans *bête*, *fête*, *honnête*, *boete*, *tempete*, *quête*, *conquête*, *enquête*, *requête*, *arrête*, *crete*, *tête*. Bref par-tout ailleurs, & le t s'y redouble, à moins que l'étymologie ne le défende, *prophête*, *poete*, *comete*, *tablette*, *houlette*, *il tette*, *il crochette*, &c.

Vous êtes, ſeconde perſonne du verbe *être*, au préſent de l'Indicatif, approche plus de l'e fermé, que de l'e ouvert, & il eſt bref : *vous êtes*.

Etre. Long dans *être*, *ſalpêtre*, *ancêtre*, *fenêtre*,

(*) Tout ce qu'il y a de long dans cet article, & dans les deux ſuivans, s'écrivoit autrefois avec une S muette ; qui ne s'eſt conſervée que dans *eſt*, troiſieme perſonne du verbe *etre*, au Préſent de l'Indicatif.

prêtre, champêtre, hêtre, chevêtre, guêtre, je me dépêtre. Bref par-tout ailleurs, & le T s'y redouble, à moins que l'etymologie ne le défende : *diametre, il penetre, lettre, mettre*, &c.

Eu, diphtongue, mais qui ne forme qu'un son unique. Bref au singulier : *feu, bleu, jeu*, &c. Long au pluriel, & devant x : *creux, je veux.*

Eve. Long dans *treve, greve, il reve*; & la pénultiéme de ce verbe demeure longue dans tous ses tems : *rever, je revois.* Douteux dans *feve, breve, il acheve, il se leve*; & la pénultiéme de ces verbes, suivie d'une syllabe masculine, devient muette, *achever, il se levoit.*

Euf. Euil. Eul. Tous brefs : *neuf, fauteuil, tilleul.* Les pluriels, longs.

Eule. Long dans *meule*, & *veule*, Hors de-là, bref : *seule, gueule*, &c.

Eune. Il est long dans *jeûne*, abstinence ; & bref dans *jeunes*, qui n'est pas vieux.

Eur. Eure. Le premier est bref au singulier : *odeur, peur, majeur*, & long au pluriel : *odeurs*, &c. Mais le second est douteux ; car si le mot en fait nécessairement attendre un autre, la syllabe est breve : *une heure entiere, la majeure part* ; & s'il ne fait rien attendre, elle est longue : *cette fille est majeure, j'attends depuis une heure.*

Evre. Long, soit que l'e s'ouvre fort, comme dans *orfévre, levre* ; soit qu'il ne s'ouvre que foiblement, comme dans *chevre, lievre.*

Eux. Euse. Long : *deux, précieux, précieuse ; Quêteuse, creuser.*

Ex. Toujours bref au commencement, au milieu; & à la fin du mot: *exemple*, *extirper*, *sexe*, *perplex*.

III. *De l'I.*

Une observation, que l'on a déjà pu faire, mais qui deviendroit encore plus sensible dans les trois voyelles, dont il reste à parler, c'est que le nombre des breves l'emporte de beaucoup sur celui des longues.

Pour abréger donc, je supprimerai désormais toutes les terminaisons, sous lesquelles il ne se trouve que des breves; car il suffira de se ressouvenir que tout ce qui n'est pas indiqué ici comme long, ou comme douteux, est bref.

Idre. Long: *Hidre*, *cidre*. On écrit *Hydre*, à cause de l'étymologie; & alors l'*y* n'a précisément que le son d'un *i* simple; car il n'y fait pas l'office de deux *i*, comme devant les syllabes mouillées, dont nous parlons sous la terminaison Aie, ci-dessus.

Ie, diphthongue. Douteux: *miel*, *fiel*, *fièr*, *métier*, *amitié*, *moitié*, *carriere*, *tien*, *mien*, *Dieu*, &c.

Ie, dissyllabe. Long: *vie*, *saisie*, *il prie*, *il crie*, &c. Mais bref, quand l'*e* devient fermé, *crier*, *prier*. Voyez la regle générale, sous la terminaison Ee, ci-dessus.

Ige. Long: *tige*, *prodige*, *litige*, *vestige*, *je m'oblige*, *il s'afflige*, &c. Mais bref dans les tems de ces verbes, qui ne finissent point par un *e* muet: *s'obliger*, *s'affliger*, &c.

Ile. Long dans *Ile*, & *presqu'île*. Bref par-tout ailleurs. Mais voyez ſous la terminaiſon Elle, ce qui a été dit pour le chant.

Im. In. Au milieu du mot, & devant une conſonne autre que la leur, ils allongent la ſyllabe : *timbre*, *simple*, *pinte*, &c. Mais quand leur conſonne ſe redouble, ils ſuivent la regle générale, rapportée ſous la terminaiſon Am, ci-deſſus.

Ime. Long dans *abime*, & *dixme*, Joignez-y ces premieres perſonnes du pluriel, au prétérit indéfini de l'Indicatif : *nous vîmes*, *nous répondîmes*, &c.

Ire. Long : *empire*, *Sire*, *écrire*, *il ſoupire* ; & au prétérit, *ils punirent*, *ils firent*, &c. Mais bref devant le maſculin : *ſoupirer*, *désirer*.

Ise. Long : *remiſe*, *ſurpriſe*, *j'épuiſe*, *qu'ils liſent*, *ils liſent*.

Isse. Toujours bref, excepté dans les premieres perſonnes du ſingulier, & dans les troiſiemes du pluriel, au Subjonctif, *Que je fiſſe*, *que j'écriviſſe*, *qu'ils fiſſent*, &c.

It. Il n'eſt (*) long qu'au Subjonctif : *Qu'il dît*, *qu'il fît*.

Ite. Long dans *bénite*, *gîte*, *vite*, & dans ces ſecondes perſonnes du pluriel, au prétérit indéfini de l'Indicatif : *vous fîtes*, *vous vîtes*.

Itre. Douteux : *mitre*, *arbitre*, *titre*, *regitre*, &c. Quand ces mots terminent la phraſe, on appuie ſur la pénultieme, à cauſe que la finale eſt muette. Mais, ſi

(*) Autrefois on mettoit ici, & dans l'article ſuivant, une S muette, aujourd'hui remplacée par un accent circonflexe.

la syllabe où l'I domine, est suivie d'un son masculin; on l'abrege : *mitré, titré, arbitrage.*

IVE. Long dans les adjectifs féminins, dont les masculins se terminent en IF : *tardive, captive, Juive*, &c.

IVRE. *Vivre*, substantif, long.

IV. De l'O.

Quand il commence le mot, il est fermé, & bref, excepté dans *os*, *oser*, *osier*, & *ôter*, où il est ouvert, & long : aussi-bien que dans *hôte*, quoiqu'on dise *hôtel*, & *hôtellerie.*

OBE. Long, & ouvert dans *globe*, & *lobe*. Bref, & fermé ailleurs.

ODE. Long dans *je rode*. Bref par-tout ailleurs : *mode*, *antipode*, &c.

OGE. Long dans ce seul mot, *le Doge*, & bref hors de-là : *éloge*, *horloge*, *on déroge.*

OGNE. Long dans *je rogne*. Bref par-tout ailleurs : *Bourgogne*, &c.

OI, diphtongue. Douteux à la fin du mot : *Roi*, *moi*, *emploi*, &c.

OIE. Long : *joie*, *Qu'il voie*, &c. Voyez sous la terminaison EE, la Regle générale pour ce qui regarde la quantité : & voyez sous la terminaison IDRE, ce qui fait que l'I du mot *joie*, se change en Y dans *joyeux.*

OIENT. Terminaison des troisiemes personnes du pluriel, dans les Imparfaits des verbes : *ils avoient*, *ils chantoient*; au-lieu que le singulier est bref : *il avoit*, *il chantoit.*

OIN. Douteux, quand il eſt final : *loin*, *beſoin*. Long quand il eſt ſuivi d'une conſonne : *oint*, *moins*, *beſoins*, *joindre*, *pointe*, &c.

OIR OIRE. Le premier, douteux : *eſpoir*, *terroir*, &c. L'autre, long, *boire*, *gloire*, *mémoire*, &c.

OIS. Toujours long, ſoit que la diphtongue s'y faſſe ſentir, comme dans *fois*, *bourgeois*, *Danois*; ſoit qu'elle n'y rende que le ſon de l'E ouvert, comme dans certains tems de verbes : *j'étois*, *je chanterois*, & dans certains noms de nation : *un François*, *les Anglois*.

OISE. OISSE. OITRE. OIVRE. Tous long : *framboiſe*, *paroiſſe* ſubſtantif, *cloitre*, *poivre*.

De ces quatre terminaiſons, la ſeconde & la troiſieme ne ſonne que comme l'E ouvert, dans ces deux Verbes : *paroître* & *connoître*, avec leurs dérivés.

OIT. Long dans *il paroît*, *il connoît*, & *il croît*, venant de *croître*.

OLE. Toujours bref, excepté dans ces mots : *drôle*, *geôle*, *môle*, *rôle*, *contrôle*, *il enjôle*, *il enrôle*.

Pour mettre de la différence entre *il vole*, il vole en l'air, & il *vole*, il dérobe, pluſieurs le font long dans le dernier ſens.

OM. ON. Au milieu du mot, ils allongent la ſyllabe devant une conſonne autre que la leur : *ſombre*, *bombe*, *pompe*, *Comte*, *compte*; *conte*, *monde*, *ſonge*. Mais, ſi leur propre conſonne eſt redoublée, ils ſuivent la regle générale, rapportée ſous la terminaiſon AM, ci-deſſus.

OME. ONE. Longs : *atôme*, *axiôme*, *phantôme*,

matrône, *Amazone*, *thrône*, *prône*, *aumône*, &c. Mais les mots où la consonne est redoublée, suivent la regle générale, *somme*, *pomme*, *consonne*, *couronne*.

Ons. Toujours long, *nous aimons*, *fonds*, *ponts*, *actions*, *seconds*, &c.

Or. Très-bref ordinairement, & l'o fermé tout-à-fait : *castor*, *butor*, *encor*, &c. Un peu moins fermé, mais bref dans *or*, *essor*, *trésor*, *sonner du cor*. Et de-même, quand il est suivi d'un D ou d'un T : *bord*, *effort*. Mais suivi d'une S, il est long : *hors*, *elors*, *thrésors*, *le corps*, &c.

Ore. Orre. Longs : *encore*, *pecore*, *Aurore*, *éclorre*. Mais avec cette différence, que les pénultiémes des Verbes où il n'y a qu'une R, & qui sont longues au présent de l'indicatif, *je décore*, *elle s'évapore*, deviennent breves, quand elles sont suivies d'une terminaison masculine : *décoré*, *évaporé*; au-lieu que l'R étant redoublée, ces pénultiemes demeurent longues : *j'éclorrois*, *j'éclorrai*.

Os. Ose. Longs : *os*, *propos*, *repos*, *gros*, *héros*, *dose*, *chose*, *il ose*.

Osse. Long dans *grosse*, *fosse*, *endosse*, *il desosse*, *il engrosse*; & si la suivante devient masculine, ces mots gardent leur quantité : *fossé*, *endosser*, *grosseur*, *grossesse*, &c.

Ot. Long (*) dans *impot*, *tot*, *dépot*, *entrepot*, *suppot*, *rot*, *prévot*.

(*) Pour marquer la longueur de ces mots, & de ceux qui sont dans l'article suivant, autrefois on y mettoit une S muette : *impost*, *rost*, *suppost*, *hoste*, *coste*. Et dans les [illegible] on a toujours redoublé la consonne : *[illegible]*, *cotte*, &c.

De ces mots il n'y a que les deux derniers, dont la finale se conserve en entier devant une terminaison masculine ; mais elle est brève dans *roti*, & longue dans *prevoté*.

Ote. Long dans *hote*, *cote*, *maltote*, *j'ote*. Et la quantité des trois derniers est la même devant une finale masculine : *côté*, *maltotier*, &c.

Otre. Nous n'avons que trois mots ainsi terminés, *apôtre*, *nôtre*, & *vôtre*. Quant au premier, il est toujours long. Pour les deux autres, ils sont douteux : non que leur briéveté ou leur longueur soit arbitraire, car elle dépend de la place qu'ils occupent. Ils sont brefs, quand ils précédent leur substantif ; & longs, quand ils suivent l'article. On dit, *je suis votre serviteur*. On répond : *Et moi le votre. C'est-là votre avis, mais le notre est que*, &c. *Les notres sont excellens, mais les votres ne valent rien.*

Quand on voudra étudier d'où vient cette différente prononciation du même mot, il ne sera pas difficile de voir que cela dépend des principes établis ci-dessus, au sujet de l'E muet. Si la finale est muette, comme dans cette phrase, *je suis le vôtre*, après laquelle mon oreille n'attend plus rien, alors la voix a besoin d'un soutien ; & ne le trouvant pas dans la finale, elle le prend dans la pénultiéme. Mais dans cette autre phrase, *je suis votre serviteur*, où j'attens nécessairement le substantif de *vôtre*, ce substantif est destiné à soutenir ma voix, parce qu'il ne m'est pas permis de mettre le moindre intervalle entre *votre* & *serviteur*.

Peut-être n'y a-t-il point de principe qui ait plus d'étendue que celui-la dans notre Prosodie. On en a déja vu beaucoup d'autres applications. Une syllabe douteuse, & qu'on abrege dans le cours de la phrase, est allongée, si elle se trouve à la fin. Quelquefois même, & dans le discours ordinaire, aussi-bien que dans la déclamation, une longue devient breve par la transposition du mot : car on dit, *un homme honnete*, *un homme brave*, mais on dit, *un brave homme*, *un honnête homme*.

OUDRE. OUE. Longs : *poudre*, *moudre*, *résoudre*, &c. *boue*, *joue*, *il loue*, &c. Mais suivis d'une terminaison masculine, ils deviennent brefs, *poudré*, *moulu*, *roué*, *loué*.

OUILLE. Long dans *rouille*, *il dérouille*, *j'embrouille*, *il débrouille*. Mais bref, quand la terminaison devient masculine : *rouiller*, *brouillon*.

OULE. Long dans *moule*, *elle est saoule*, *il se saoule*, *il soule*, *la foule*, *il roule*, *écroule*.

OURE. OURRE. Le premier est douteux : *bravoure*, *ils courent*. Le second est long : *de la bourre*, *il bourre*, *il fourre*, *qu'il courre*. Mais la syllabe féminine devenant masculine, alors la précédente est breve : *courrier*, *bourrade*, *rembourré*, &c.

OUSE. Toujours long : *épouse*, *jalouse*, *qu'elle couse*, &c.

OUSSE. Long dans *je pousse*, & bref dans tout le reste ; aussi-bien que dans les terminaisons qui en sont formées, comme *tousser*, *coussin*, &c.

OUT. Long dans *Août*, *coût* substantif, *goût* & ses dérivés.

OUTE. Long dans *abſoute*, *joute*, *croute*, *voute*; *il coute*, *je goute*, *j'ajoute*. Mais bref au maſculin : *ajouter*, *couter*, &c.

OUTRE. Long dans *poutre*, & dans *coutre* : bref par-tout ailleurs.

V. *De l'U.*

Il ne s'agit ici que de l'U voyelle; car l'V conſonne, par lui-même, ne produit aucun ſon, qui puiſſe être l'objet de la Quantité.

UCHE. Dans *buche*, *embuche*, *on débuche*, l'U eſt long. Mais il devient bref dans *bucher*, *débucher*, &c.

UE, diphtongue, qui ne ſe trouve que dans ce ſeul mot, *écuelle*, où elle eſt auſſi brève que peut l'être une vraie diphtongue.

UE, diſſyllabe. Toujours long: *vue*, *tortue*, *cohue*, *je diſtribue*, &c.

Voyez la Regle générale ſous la terminaiſon ÉE, ci-deſſus.

UGE. Douteux : *déluge*, *refuge*, *juge*, *ils jugent*; & abſolument bref, quand la ſyllabe devient maſculine : *juger*, *réfugier*, &c.

UI, diphtongue. Douteux : *cuir*, *cuiſine*, *fuir*, *luir*, &c.

UIE. Long : *pluie*, *truie*, *il s'ennuie*, &c. Voyez la Regle générale ſous la terminaiſon ÉE, ci-deſſus.

ULE. Long dans *je brule*, *bruler*, *on brulera*, &c.

UM. UN. Longs au milieu du mot : *humble*, *j'emprunte*. Mais à la fin brefs, ſi c'eſt au ſingulier : *parfum*, *brun*; & longs, ſi c'eſt au pluriel.

Umes. Toujours long dans les premieres personnes du Prétérit au pluriel : *nous reçûmes*, *nous ne pûmes*, &c.

Ure. Toujours long, *augure*, *verdure*, *parjure*, *on assûre*, &c. Mais la finale devenant masculine, la pénultiéme s'abrege, *augurer*, *parjurer*, &c.

Use. Toujours long, *Muse*, *excluse*, *incluse*, *ruse*, *je recuse*, &c. On dit pareillement, *rusé*. Mais on dit, *excuser*, *refuser*, *recuser*, &c.

Usse. Au-lieu que la terminaison Uce, réservée pour des substantifs, est toujours brève, *puce*, *aumuce*, *astuce*; celle-ci, à l'exception de quelques noms propres, comme la *la Prusse*, n'a lieu que dans les verbes, où elle est toujours longue : *que je pusse*, *que je connusse*, *qu'ils accourussent*.

Ut. Bref dans tous les substantifs, excepté *fût*, & dans tous les verbes à l'Indicatif, *il fut*, *il vécut*, &c. Mais long au subjonctif, *qu'il fût*, *qu'il mourût*.

Ute. Utes. Bref dans tous les substantifs, excepté *flute*. Mais toujours long dans les verbes : *vous lûtes*, *vous fûtes*, &c.

Ce n'est que d'après le sentiment de plusieurs personnes d'une critique judicieuse que je me suis décidé à faire paroître ce foible essai ; l'ayant faite sur de bons modeles, je pense qu'il n'y a pas grand mérite de l'avoir mise au jour.

F I N.

TABLE

DES MATIERES.

Fin de la Table.

www.ingramcontent.com/pod-product-compliance
Lightning Source LLC
Chambersburg PA
CBHW061008280326
41935CB00009B/883

* 9 7 8 2 0 1 3 5 0 7 4 7 9 *